Rabengasse im Münsterviertel

Ein Spaziergang durch Ulm

Münster – Rathaus

Fischer- und Münsterviertel

Siegfried Ruoß

www.klemm-oelschlaeger.de

Bibliografische Information der Deutschen Nationalbibliothek:
Die Deutsche Nationalbibliothek verzeichnet diese Publikation
in der Deutschen Nationalbibliografie; detaillierte bibliografische
Daten sind im Internet über http://dnb.d-nb.de abrufbar.

Text und Idee: Siegfried Ruoß, Ulm
Satz, Gestaltung und Umschlag: Helmut Schlaiß, Langenau
Texterfassung: Manfred Poh, Dornstadt
Lektorat: Dr. Maike Kleihauer, Berlin
Fotos: Helmut Schlaiß, Langenau
Illustrationen: Benno Walter – bewa's büro, Ulm
Druck: Süddeutsche Verlagsgesellschaft mbH, Ulm
Printed in Germany

ISBN 978-3-932577-99-4

Rathaus mit Münster

Tor im Metzgerturm

Inhaltsverzeichnis

Einleitung

Dass Ulm eine Reise wert ist, beweisen weit über sieben Millionen Besucher pro Jahr, rund ein Viertel von ihnen reist aus dem Ausland an. Die Gäste kommen, um zu bummeln, um Kulturveranstaltungen oder den über die Stadtgrenzen hinaus bekannten Weihnachtsmarkt zu besuchen, oder, wie wir, zu einem Streifzug durch die historische Altstadt.
Wir beginnen unseren Rundgang am Ulmer Münster mit seinen mittelalterlichen Kunstschätzen und dem höchsten Kirchturm der Welt. Hier erwarten den Besucher sechshundert Jahre Geschichte und Geschichten. Anschließend ziehen wir weiter zum Delphinbrunnen neben der Valentinskapelle und machen Halt bei einem der schönsten Rathäuser des Landes mit seiner herrlichen Fassadenmalerei und der jahrhundertealten astronomischen Uhr. Am Fischkasten vorbei laufen wir hinab zur Donau und steigen beim Metzgerturm auf die Stadtmauer mit ihrer ausgebauten Promenade. Sie führt uns zum Fischerviertel, Ulms guter Stube. Abseits vom Trubel der Stadt lassen wir uns in den verwinkelten Gassen des alten Handwerkerviertels treiben und genießen sein mittelalterliches Flair in einer gemütlichen Gartenwirtschaft an der Blau. Gestärkt ziehen wir weiter zum Schwörhaus und zum Neuen Bau. Nach einem kleinen Spaziergang durch das nördliche Münsterviertel beenden wir am Kornhaus unseren Streifzug durch die Geschichte der alten Reichsstadt.
Unser Rundgang zeigt Ihnen die wichtigsten historischen Plätze und Bauten der Innenstadt. Natürlich gibt es in Ulm und drum herum noch viel mehr zu entdecken. Zum Beispiel das Kloster Wiblingen oder die Bundesfestung. Sie wurde Mitte des 19. Jahrhunderts erbaut, um Ulm und den Deutschen Bund vor französischen Angriffen zu schützen. Die Festung, die man seinerzeit laufend modernisiert hatte, wurde jedoch nie angegriffen und siebzig Jahre nach ihrer Erbauung geschliffen. Sie zählt heute zu den größten und am besten erhaltenen Festungsanlagen Deutschlands und ist ein europäisches Kulturdenkmal ersten Ranges.

Mein allerbester Dank gilt denen, die mir beim Entstehen dieses Buches so freundlich und tatkräftig unterstützt haben – seien es alteingesessene oder zugereiste Ulmer. Ganz besonders danken möchte ich dem Dekan des Ulmer Münsters, Herrn Ernst-Wilhelm Gohl, für seine detaillierten

Ausführungen. Ferner Frau Pfarrerin Tabea Frey, meinem Verleger Ulrich Klemm, Fritz Glauninger, Thomas Jetter, dem Fotografen Helmut Schlaiß, der dem Band ein „Gesicht" und eine Form gab, sowie dem Alt-Münsterbaumeister Gerhard Lorenz, der nach vierzig Jahren Dienst am Ulmer Münster eine unerschöpfliche Quelle für Informationen ist.

Der „Ofaschlupfer" in der Rabengasse

Es war einmal ...

... in der guten alten Zeit – als die Männer nach dem Sonntagsgottesdienst in die Dorfkneipe pilgerten, während die Frauen nach Hause eilten, um den Braten abzulöschen und die Kleinkinder zu versorgen, die von der Großmutter gehütet wurden. Großfamilien mit zehn bis fünfzehn Kindern waren keine Seltenheit. Aus Geld- oder Platzmangel wurde einfach ein Zimmer mit Stroh ausgelegt, worauf die Kinderschar die Nacht verbrachte. Man sprach damals von einem „Stall voll Kindern". Erst später kamen die Strohsäcke in Mode.
Doch die Zeiten änderten sich. Die Dörfer erhielten fließendes Wasser und wurden ans Stromnetz angeschlossen.
Die Krönung all dieses „Teufelszeugs" aber war die Ankunft der Eisenbahn. Dies war die große Stunde des Franz Habersack. Als uneheliches Kind einer Magd geboren, arbeitete er beim Bahnbau und wurde vom Pfarrer und dem Bürgermeister für das Amt des Bahnhofsvorstehers vorgeschlagen. Er galt als ehrlich und pünktlich, und so stand seiner Ernennung nichts im Wege. Zweimal am Tag musste er die schwäbische Eisenbahn in seiner blauen Uniform mit Reichsbahnmütze begrüßen und verabschieden. Nach Ankunft der Bahn nahm er den Postsack entgegen, hob die Kelle und gab mit seiner Pfeife das Abfahrtsignal. Im Bahnhofsgebäude gab es zwei Schalter, einen für die Post und einen für die Bahn. Beide waren morgens und abends je eine Stunde geöffnet und wurden von Franz Habersack bedient. Wollte ein Reisender eine Fahrkarte kaufen, schloss Franz Habersack den Postschalter, setzte seine Bahnmütze auf und öffnete den Bahnschalter. Kam wenige Minuten später eine Bäuerin, um Briefmarken zu kaufen, wiederholte sich das Ritual, nur dass er diesmal die Postmütze aufsetzte. Ordnung musste sein. Gewissenhaft und allem Spott zum Trotz befolgte Franz Habersack die Anweisungen genau. Das hatte zur Folge, dass er außerdem zum örtlichen Briefträger und Ausscheller, auch Büttel genannt, berufen wurde.
Franz Habersacks Wohnung befand sich im ersten Stock des Stationsgebäudes. Dort lebte er mit seiner Frau Lina, mit der er eine gute Ehe führte, und den vier Kindern. Für seine Arbeit bekam er einen kargen Lohn. Die Bahn hatte ihm deshalb in der Nachbarschaft einen Garten überlassen, dessen Erträge ihm und seiner Familie über das Schlimmste hinweg hal-

fen. Dort baute er einen Schuppen, in dem er seine „Bahwärterskühla" (Goißbock mit Goiß) unterstellte.
Die Not bewog den guten Mann, den Verkauf der von den Schwaben so heißgeliebten Linsen zu übernehmen. Sie wurden jeden Herbst mit der Bahn aus dem Unterland angeliefert. Das Linsenverklauben (sortieren) war, wie ich mich noch erinnere, eine Heidenarbeit. Nach Feierabend saß die ganze Familie um den Tisch, um die Hülsenfrüchte von Unkrautsamen, kleinen Steinchen sowie angefressenen und zerbrochenen Linsen zu trennen. War das erledigt, spannte Franz Habersack seine zwei Lieblinge vor das „Leiterwägale", lud seine Linsensäcke auf und fuhr von Hof zu Hof, um die Bäuerinnen für den Winter mit Linsen zu versorgen. Es gab drei Sorten Linsen: die sortierten, die unsortierten und die beschädigten. Die beschädigten Linsen waren am billigsten und wurden von der armen Bevölkerung bevorzugt gekauft. War die Reise von Dorf zu Dorf beendet, sah man Franz Habersack mit seinen beiden Vierbeinern im Wald verschwinden, wo er Laub als Einstreu für den Stall und Abfallholz für die Küche sammelte.
Franz Habersack wäre mit sich, der Welt und dem lieben Gott zufrieden gewesen, hätte ihm nicht Wotan, sein Geißbock, solche Sorgen gemacht. Er fraß eines Tages nicht mehr richtig, ließ den Kopf hängen und sein Interesse an der Geiß war auch erloschen.
Der Bürgermeister erhielt jede Woche das Ulmer Intelligenzblatt mit den neuesten Nachrichten vom Tage. Natürlich las Franz Habersack die Zeitung, bevor er sie zustellte, und so kam es, dass er einen besonders interessanten Artikel über die Hirsch-Apotheke in Ulm entdeckte, die eine neue, wirksame Tiermedizin entwickelt hatte. Das traf sich gut, denn Franz Habersack wollte schon lange einmal nach Ulm fahren, um den höchsten Kirchturm der Welt zu bewundern. Er traf alle Vorbereitungen, setzte sich in den Zug und unternahm die größte Reise seines Lebens. Aus dieser Zeit stammt das legendäre Lied (Tübinger Kommersbuch 1853):

Auf dr schwäb`scha Eisabahna
Gibt`s gar viele Haltstationa,
Schtuaget, Ulm, ond Biberach,
Meckabeura, Durlesbach.
|: Trulla, trulla, trulla-la,:|

Und so fuhr unser Kleinbauer, im Volksmund kurz „Krettamischter" (Kretta = Korb) genannt, mit seinem Geißbock nach Ulm, um eine Medizin für das kranke Böcklein zu kaufen. Zuerst führte ihn sein Weg aber zum Münster, das ihn wie ein Magnet anzog. Vorbei an der Hirsch-Apothke erreichte er den Münsterplatz, wo er dem Ulmer Ausscheller, bekannt unter dem Spitznamen „Spatzameez", in die Arme lief. Andächtig lauschte er den Worten seines Ulmer Kollegen, der ihn fragte:
„So, isch ma au em Schtädtle? Wo kommt ma au her?"
Entsprechend der damals üblichen Anrede unter seinesgleichen erklärte unser Reisender:
„Zu mir derfsch du saga, i ben nämlich au Ausscheller."
Nachdem er sich kurz vorgestellt hatte, erbot sich „dr Spatzameez", seinem Kollegen vom Lande die Stadt zu zeigen. Und so zogen die beiden durch Ulm, vom Münster zum Rathaus und weiter ins Fischerviertel. Beim Gasthof „Forelle" überquerten sie auf der alten Häuslesbrücke die Blau und stiegen hoch zum Schwörhaus. Beim Kornhaus, in der Kornhausgasse, kehrten sie in eine der urigsten Kneippen Ulms, dem „Kornhäusle" ein.
Wir aber kehren zurück in die Gegenwart und folgen den Spuren dieser beiden Originale, um die historischen Orte der alten Reichsstadt Ulm zu bestaunen.

s' Bäuerle

dr Spatzameez

Schiefes Haus und Häuslesbrücke

Der Spatzameez und s' Bäuerle auf dem Münsterplatz

Das Ulmer Münster – Geschichte und Geschichten

Schon aus der Ferne begrüßt das Ulmer Münster den Reisenden mit seinem 161,53 Meter hohen Kirchturm, dem höchsten der Welt. Die nach dem Kölner Dom größte Kirche Deutschlands ist Mittelpunkt und Wahrzeichen der Donaumetropole. Seit über sechshundert Jahren pilgern Menschen zu diesem gigantischen Sakralbau, um ihm zu huldigen oder am Gottesdienst teilzunehmen. Was einst schöpferische Kraft erschaffen hat, wird heute jährlich von 700 000 Besuchern aus aller Welt bestaunt und bewundert. Die Faszinationskraft des mittelalterlichen Kolossalbaus ist bis heute ungebrochen, zählt er doch zu den großen Schöpfungen der Menschheit. Wie ein Fels in der Brandung steht er im Herzen der Stadt und trotzt seit Jahrhunderten Kriegen, Klimakatastrophen, Unwettern, Erdbeben und Bombenhagel.
Die Leidensgeschichte des Münsters veranschaulicht eine Begebenheit aus dem Jahr 1796, als der gefürchtete französische General Moreau Ulm besetzte. Aufgrund von immensen Quartierlasten, Erpressungen und Requisitionen stand das Gemeinwesen Ulms vor dem Zusammenbruch. Als die Belagerer das Münster auch noch als Lagerhaus requirierten und entweihten, um darin Getreidesäcke, Holzfässer, Heu und Hafer für die Pferde zu lagern, glich das Münster mehr einer Scheune, denn einem Gotteshaus. Viele Ulmer zweifelten damals an Gottes Güte, aber die steinerne Kostbarkeit überstand auch diese Kränkung.

Im späten Mittelalter wurden viele Kirchen im gotischen Stil erbaut, etwa in Köln, Straßburg, Freiburg oder Schwäbisch Hall. In manchen Landesteilen, zum Beispiel im Rheinland, bezeichnet man sie als Dom, in anderen, wie in Ulm, als Münster. Dom kommt von lat. domus und bedeutet „Haus Gottes". Münster ist von lat. monasterium abgeleitet, was so viel wie „Hauptstück im Kloster" bedeutet. Gemeint ist wohl die Klosterkirche. Kathedralen (kathedra: griech. Sitz, Thron) stehen in Frankenreich, in England und Spanien und sind Sitz des Bischofs. Der gotische Stil prägte die Architektur von 1150 bis ins 16. Jahrhundert. Typische Merkmale sind die leichte Bauweise (im Vergleich zur Romanik), geschmückte Spitzbögen, schlanke Pfeiler, mit Krabben verzierte Kreuzblumen und hohe Gewölbe mit großen farbigen Fenstern.

Die Vorgängerkirche des Münsters, die „ennet feldes", also überm Feld lag, gehörte dem Kloster Reichenau. Ihr Nachteil war, dass sie außerhalb der Stadtmauer lag und in Kriegszeiten, wie bei der Belagerung 1376 durch Kaiser Karl IV., nicht besucht werden konnte. Die Belagerer mussten damals übrigens nach wochenlangen Kämpfen unverrichteter Dinge wieder abziehen. Die Ulmer Stadtmauern und ihre Verteidiger hatten dem Druck der kaiserlichen Truppen standgehalten.
Die selbstbewussten Ulmer konnten sich und ihrer reichen Stadt kein besseres Denkmal setzen als das Münster, dessen Grundstein am 30. Juni 1377 gelegt wurde. Zu dieser Zeit befand sich die Reichsstadt auf dem Höhepunkt ihrer Macht. Nach dem Sieg über Kaiser Karl IV. übernahm sie nach und nach die Grafschaften Helfenstein und Werdenberg mit den Städten Geislingen, Langenau und Albeck und erweiterte damit ihr Reichsstadtgebiet auf die Größe eines mittleren Fürstentums. Immerhin, Ulm besaß 1803, zum Ende des Heiligen Römischen Reichs, nach Nürnberg das zweitgrößte Reichsstadtgebiet der insgesamt 56 Stadtrepubliken. Dementsprechend fiel die Planung für das neue Gotteshaus mitten in der Stadt aus. Es sollte größer und schöner werden als alle anderen Kirchen weit und breit. Über 20 000 Menschen sollte das Münster einmal fassen – stehend natürlich. Ulm hatte zu dieser Zeit nicht einmal ganze 10 000 Einwohner.
Die Verlegung der Kirche ins Zentrum brachte noch weitere Vorteile für die Stadt. Endlich konnten die Ulmer alleine über ihre Kirche bestimmen. Die Spenden und Schenkungen, die bis dahin immer an die Reichenauer Mönche gegangen waren, flossen nun in ihre Kassen. Bis heute ist das Ulmer Münster eine ausgesprochene Bürgerkirche – von Bürgern erbaut, gepflegt und zum großen Teil auch finanziert. Damals fand mancher Zeitgenosse den Bau allerdings maßlos überzogen und von „abstoßender Großheit". Und natürlich gab es wie überall Neider, die die Stadt schlicht für größenwahnsinnig hielten.

Das Münster ist 139,5 Meter lang und 59,2 Meter breit, die Höhe der Strebepfeiler vom Boden bis zur Spitze beträgt 42 Meter, um nur einige Messdaten zu nennen. Die Fundamente des Turms reichen 3,5 bis 5,2 Meter in die Tiefe. Die Außenwand des Turms gegen Süden misst 3,3 Meter.

Der heutige Münsterplatz hieß bei der Gründung schlicht und einfach Platz. Die nördlich von ihm abgehende Gasse heißt heute noch Platzgasse. Die Bezeichnung Münster erhielt die Pfarrkirche erst hundert Jahre nach ihrer Erbauung. Die Großbaustelle dieses sakralen Kolosses zog ein Heer von Künstlern, Meistern und Gehilfen nach Ulm. Sie gab der Stadt und dem Umland neuen Auftrieb. Die Arbeit am Bau begann beim ersten Hahnenschrei um vier Uhr in der Früh und endete abends um sechs Uhr. Abzüglich der Vesperpausen betrug die Arbeitszeit also 13,5 Stunden. Im Winter verringerte sie sich entsprechend dem späten Sonnenaufgang auf 9,5 Stunden.
Neben Schlegeln, Knüpfeln und Meißeln, dem Werkzeug der Steinmetze, war der Tretkran eines der wichtigsten Hilfsmittel. Das altertümliche Gerät wurde von den Kran-Knechten mit den Füßen angetrieben, ähnlich den Hamstern im Rad. Allerdings gab es in jener Zeit bedeutend mehr Feiertage als heute. Wenn man die Sonntage dazuzählt, kamen an die hundert arbeitsfreie Tage zusammen. Ein Geselle durfte die Baustelle alle

Detail der Außenfassade des Münsters – ein Gesamtkunstwerk

zwei Wochen am Samstag um 15 Uhr verlassen, um ein Bad zu nehmen. Die Steinmetze waren, und sind sicher auch heute noch, die ungekrönten Könige der Bauhütte. Sie duldeten gerade noch den Schmied neben sich, der wie sie im Winter durcharbeiten konnte. Er fertigte Meißel, Sägen, Stecheisen, Maurerkellen, Eisenringe, Ketten, Hämmer, Zangen, Schlösser

und Beschläge. Und vor allem Zigtausende von Nägeln, Klammern und Dübeln.
Nicht nur die Arbeit, sondern auch die Bezahlung der Hilfskräfte war schlecht. Zudem wurden sie im Winter entlassen und zogen oft als Bettler durch das Land. Im Frühjahr waren sie so abgemagert, dass sie von der Münsterbauhütte erst wieder aufgepäppelt werden mussten.
Bei der harten und langen Arbeit kam es zwangsläufig zu Unfällen. Später dann oft behindert, fristeten die Verunglückten ihr Leben nicht selten als Bettler. In der Ulmer Almosenordnung vom 3. April 1528 ist von siebenhundert bis neunhundert echten Armen die Rede. Um sie zu unterstützen, wurden an den Kirchentüren des Münsters Opferstöcke aufgestellt. Hier konnte man einmal in der Woche Geld- und Sachspenden abgeben. Die ortsansässigen Bettler wurden von dreizehn Bettelherrn kontrolliert und auf Arbeitsfähigkeit überprüft. Von diesen erhielten sie auch die begehrten Bettelmarken. Meist waren sie aus Blech und mit dem Ulmer Wappen versehen. Beim Almosen-Einholen wurden die Marken angesteckt, und die Bettler schlugen nicht selten auf ihr „Blechle", um zu zeigen: „Wir dürfen hier betteln und haben Anspruch auf Almosen." Aus dieser Zeit stammt der Spruch „Schlag me's Blechle".

Armenopferstock

Ein Kuriosum war die Nutzungsordnung für die Stühle im Münster. Die Rechte für einen Stuhl konnten erworben, vererbt oder verkauft werden. Eigens geführte Kirchenstuhlbücher regelten das komplizierte Stühlerücken. Bedingt durch die vielen neu zugezogenen württembergischen Beamten, denen Kraft ihres Amtes ein kostenloser Platz in den vorderen Reihen zustand, reichten die Sitzplätze oft nicht mehr aus. Die Alten und Gebrechlichen bekamen von der Armenpflege hin und wieder einen kostenlosen Sitzplatz zugewiesen.
Um das Münster zu verwalten, zu pflegen und instand zu halten, be-

darf es heute einer großen Schar von guten Geistern: Steinmetze aus der Münsterbauhütte, Verwaltungsangestellte, Pfarrer und Pfarrerinnen, Mesner, Reinigungskräfte und Organisten. An der Spitze der 27 engagierten Mitarbeiter steht der Dekan der evangelischen Kirchengemeinde, Ernst-Wilhelm Gohl.

Die drei bis vier Turmfalkenpaare, die in luftiger Höhe ihre Nester eingerichtet haben, sind irrtümlich als Taubenjäger verschrien. Doch morgens in aller Frühe sieht man sie Richtung Süden in die Illerauen verschwinden, wo ihr Frühstückstisch reichlich gedeckt ist. Der eigentliche Feind der Tauben ist der Wanderfalke. Von vielen unbeobachtet, sind im Münster mehrere Steinmarderfamilien heimisch geworden. Die nachtaktiven Tierchen schaffen es, an den senkrechten Mauern hochzuklettern, um oben die Taubennester aufzuspüren. Diese Plagegeister haben sich zu Tausenden in den Großstädten niedergelassen, wo sie gerne Zuflucht in den warmen Motoren abgestellter Autos suchen und zum Schrecken aller Autofahrer nicht selten die Kabel anknabbern. Fast unsichtbare Mitbewohner des Gotteshauses sind einige Fledermäuse, die in den Mauernischen und -bögen ideale Schlafstellen gefunden haben.

An den Außenwänden des Münsters gesellen sich jede Menge steinerne Tiere wie Fische, Vögel, Elefanten oder Drachen als getarnte Wasserspeier hinzu. Früher lief das Regenwasser unkontrolliert an den Außenmauern des Münsters herab.

Die Tierfiguren wurden erst im 19. Jahrhundert angebracht, um das Wasser in den eingearbeiteten Röhren aufzufangen und aus ihren aufgerissenen Mäulern wieder auszuspucken. Wenn im Mai die Portale offen stehen, um den linden Frühjahrswinden Einlass zu gewähren, kann es sein, dass einige Rauchschwalben das Münster besuchen, um Brutplätze auszukundschaften. Die arme Kirchenmaus hat allerdings wenig Chancen, hier heimisch zu werden. Hunde müssen bei einem

Elefant als Wasserspeier

Besuch des Münsters aus verständlichen Gründen draußen bleiben – ausgenommen sind Blindenhunde.

Wie folg' ich dieser Größe Spur?
Die Krähen selbst ums Felsgebäude
Des Münsters leben laut der Freude,
Als sei dies Menschenwerk Natur!

Tierfiguren an der Südseite des Münsters

Das schrieb der schwäbische Dichter Karl Mayer Mitte des 19. Jahrhunderts, ein Freund Ludwig Uhlands, als er Gottes Geschöpfe in luftiger Höhe beobachtete.
Aber wer hat dieses gewaltige Bauwerk erschaffen? Die ersten drei Münsterbaumeister entstammten der Familie der Parler aus Schwäbisch Gmünd. Als die Parler 1391 Ulm den Rücken kehrten, war der Chor flach eingedeckt und die Mittelschiffpfeiler im Langhaus waren bis auf das westliche Pfeilerpaar fertiggestellt. Im selben Jahr übernahm Ulrich von Ensingen die Bauleitung. Er bekam einen Fünfjahresvertrag, der aufgrund seiner Fähigkeiten auf Lebenszeit verlängert wurde. Er änderte die Pläne seiner Vorgänger grundlegend und war die treibende Kraft beim Bau des Westturms, der als höchster Kirchturm der Christenheit in die Annalen der Baugeschichte eingehen sollte. Ruhm und Ehre waren ihm und der Stadt Ulm sicher. Seine geniale Konzeption brachte ihm eine Berufung nach Straßburg ein. Die Bauleitung am Ulmer Münster gab Ulrich von Ensingen jedoch nicht auf; er behielt sie bis zu seinem Tod 1419. Seine fünf Kinder traten bis auf eine Tochter in die Fußstapfen ihres berühm-

ten Vaters und übernahmen das nicht immer leichte Erbe. Sie waren, wie viele Nachfolger nach ihnen, der Anziehungskraft des Münsters verfallen. Auch Anna, seine älteste Tochter, arbeitete als Gesellin in der Bauhütte.
Nach dem Tod Ulrichs von Ensingen übernahm Annas Ehemann Hans Kun die Bauleitung. Matthäus von Ensingen, der zweitjüngste Sohn Ulrichs, hatte am Berner Münster sein Können unter Beweis gestellt. Hochgeehrt verließ er Bern 1446, um in Ulm die Bauleitung zu übernehmen. Hundert Jahre später konnte sein Sohn Moritz die Fertigstellung der Gewölbe feiern. Mit ihm ging die erfolgreiche Ära derer von Ensingen zu Ende.
Aber nicht alle Baumeister waren derart vom Glück verfolgt. 1492 lösten sich während einer Predigt plötzlich zwei Steine aus dem Gewölbe und fielen auf die Schar der Gläubigen, denen wie durch ein Wunder nichts geschah. Für Matthäus Böblinger (1477-1492) war das jedoch eine Katastrophe. Sie bedeutete das Ende seiner bis dahin erfolgreichen, zwanzigjährigen Tätigkeit als Münsterbaumeister. Obwohl er an dem Unfall keine Schuld hatte, bekam er vom Rat prompt die Kündigung überreicht. In Esslingen fand er kurz darauf eine Anstellung als Werkmeister. Später wirkte er in Memmingen.
Von den 23 Baumeistern, die als Gutachter nach Ulm eingeladen wurden, überzeugte Burkhard Engelberg (1494-1512) aus Augsburg mit seinen Vorschlägen. Ihm übertrugen die Ulmer die Sanierung der Kirche. Er hielt sich die meiste Zeit in Augsburg auf und kam nur sporadisch nach Ulm, um nach dem Rechten zu sehen. Als Erstes nahm er die Sanierung des Turms in Angriff. Aber schon tauchte eine neue Gefahr auf: Die Seitenschiffe drohten einzustürzen, da die weitgespannten Gewölbe die Außenwände auseinanderdrückten. Das Ulmer Münster wäre nicht die erste Kirche gewesen, die, wie in Frankreich geschehen, zu Trümmern zerfiel. Statistische Berechnungen waren in jener Zeit noch unbekannt. Alles beruhte auf praktischer Erfahrung. Es ging um Sein oder Nichtsein. Am Ende siegten der Einfallsreichtum und das Können der Verantwortlichen, und das Münster konnte mit Gottes Segen vor dem Schlimmsten bewahrt werden. Von den Verdiensten des kühnen Mannes und Retters des Münsters zeugen zwei Wappenschilde mit dem Meisterzeichen Burkhard Engelbergs, die 1502 beziehungsweise 1507 an der Ostwand angebracht wurden. Engelbergs Baumaßnahmen waren die letzten großen Arbeiten an Ulms Vorzeigekirche.

Nach der Reformation 1531 forderten die aufgebrachten Bürger die Entfernung der sechzig Altäre der Reichen und Noblen der Stadt sowie der Bilder und Figuren der Heiligen. Protestantische Nüchternheit war jetzt angesagt. Zum Glück ließ der Rat der Stadt die wichtigsten Schätze wie das Sakramentshaus, das Chorgestühl und das Hauptportal vor dem Bildersturm schützen. Den Eigentümern von Stiftungen wurde empfohlen, ihre Kostbarkeiten mit nach Hause zu nehmen. Ulmische Dörfer durften sich Altäre holen, um damit ihre Kirchen zu schmücken. Sie sind heute noch in der Umgebung Ulms zu finden. Am 21. Juni 1531 brach ein Sturm der Gewalt über das Münster herein, der die restlichen Altäre, Figuren und andere wertvolle Kunstschätze zerstörte. Sie erfreuten die neuen Besitzer jetzt als Brennholz. 1543 wurden alle Aktivitäten am Bau eingestellt. Den siebzig Meter hohen Turm versah man mit einem Notdach, um ihn „mit wenig Kosten vor Schaden und Wetter zu verwahren". Für die nächsten dreihundert Jahre ruhte der Bau. Kriege, Geldnot und der neue Baustil der Renaissance verhinderten die Fertigstellung des Münsters. Die Modernisierung der Stadtbefestigung sowie die Verschönerung des Rathauses hatten Priorität. Die Münsterbauhütte wurde geschlossen. Die „feste Burg" der Christenheit sah einer ungewissen Zukunft entgegen.

Ulmer Münster mit Hirschstraße um 1860

Eduard Mörike (1804-1875) berichtete von seiner Reise durch Oberschwaben: „Dieser Coloß, der so tyrannisch alles um sich her verkleinert, erscheint wie ein überbliebenes Gespenst aus früheren Jahrhunderten." Das schmucklose Kircheninnere wirkte auf ihn mit „großer und einfacher Würde". Der Verein für Kunst und Altertum in Ulm schrieb 1841 folgenden Brief an die württembergische Regierung: „Der Zustand des Ulmer Münsters zeigt sich als höchst vernachlässigt und trümmerhaft. Es ist nicht zu viel gesagt, dass das Münster von außen einer großen Ruine

nicht unähnlich sehe." (Auszug des 1841 verfassten Briefes) Immer mehr Ulmer, aber auch der württembergische Kronprinz, begeisterten sich für einen Weiterbau und die Renovierung des Gesamtkunstwerks, das vom Hauch der Vergangenheit umgeben war. Die Romantiker sahen in den Ruinen „malerische Überreste" versunkener Zeiten. Hinzu kam ein gewisser Patriotismus, der von den Landesherren unterstützt wurde.
Ruinen haben auf die Menschen schon immer eine Faszination ausgeübt, wie wir ja heute noch beobachten können. Wohlhabende Adlige ließen sogar Ruinenkunstwerke in ihren Lustgärten bauen.
1844 wurde die Münsterbauhütte wieder aktiviert und der Baumeister Ferdinand Thrän (1844-1870) begann, die Strebepfeiler und -bögen nach den mittelalterlichen Vorlagen auszuführen. Unter den Händen der Steinmetze nahm der Westturm Gestalt an. Hatte man anfangs nur an eine Sanierung gedacht, beschloss man nun, getragen von lokalem und neu erwachtem nationalen Geist, die Vollendung des archaisch anmutenden Kunstwerks. Der Nachfolger von Thrän, Ludwig Scheu (1871-80), stellte die beiden 86 Meter hohen Osttürme sowie den Chorumgang fertig und ersetzte den hölzernen Dachstuhl durch eine Eisenkonstruktion. Sie bewahrte das Münster beim Bombenangriff 1944 vor größeren Schäden.
Heute fragen wir uns: Wer hat das alles finanziert? Bis zum 1. April 1880 betrugen die Kosten für die Münsterrestauration 1.864839 Mark. Hier einige namhafte Spender aus jener Zeit: König Wilhelm genehmigte 1856 3.000 Gulden (nach der Währungsumstellung 1873 war 1 Gulden = 1,71 Mark) aus seiner Privatschatulle. Die Staatsregierung gewährte eine jährliche Unterstützung von 6.000 Gulden. Friedrich Wilhelm IV. von Preußen und seine Gattin spendeten 1.925 Gulden. Der Prinzregent und spätere Kaiser Wilhelm I. überreichte 5.000 Gulden. Keiner wollte mehr nachstehen und so spendete auch der Österreichische Kaiser großzügig 5.000 Gulden. Der noch von Münsterbaumeister Thrän eingeführte „Münsterkreuzer" förderte die Spendenbereitschaft von Privatpersonen. So richtig in Schwung kam die Finanzierung, als Prof. Konrad Hassler – als Reisender für das größte Haus Deutschlands – mit seinen erfolgreichen Vorträgen in ganz Deutschland Werbung für das Münster machte. Sein größter Verdienst war die Einführung der Münsterbaulotterie nach dem Vorbild der Domlotterie zu Köln. Insgesamt brachte die Lotterie bis 1886 die stolze Summe von 2.900000 Mark ein. Von 1850 bis zur Vollendung

des Münsters 1891 wurden 4.800 000 Mark gespendet. Das Münster war in den Rang eines deutschen Nationaldenkmals gerückt.
Auch heute werden für die Erhaltung des großartigen Bauwerks jährlich Zuschüsse, Schenkungen und Spenden von bis zu 2,5 Millionen Euro benötigt. Wie Sie sicher wissen, ist der Eintritt ins Münster frei, nur die Turmbesteigung ist kostenpflichtig (vier Euro). Wenn Sie ein Scherflein zum Erhalt dieses Wunderwerks der Architektur beitragen wollen, können Sie ihren Beitrag in die Spendenboxen einwerfen, die im Innenraum des Münsters stehen. Und damit Sie wissen, wofür Ihr Geld verwendet wird, folgt ein kleiner Einblick in die Arbeit der Steinmetze. Die Luftverschmutzung unserer Tage wirkt sich zerstörerisch auf die Steine des Münsters aus. Die Schwefelverbindungen, die mit dem Regen in die Steine eindringen, verändern deren Gefüge, sodass die Oberflächen abplatzen. Die Spitzen der Fialen zerkrümeln zu Steingrus. Die Steinmetze kommen sich manchmal vor wie Totengräber, wenn sie das poröse, gebrechliche Gestein im Hof der Münsterbauhütte lagern und zum Verkauf an Liebhaber anbieten. Manchmal gelingt es ihnen, Steine, Ziere emente oder Kreuzblumen zu retten, indem sie sie wasserabweisend machen oder mit speziellem Steinkitt restaurieren.

Münsterbauhütte

Das Münster ist ein Dauerpatient, denn der Zahn der Zeit nagt an seiner Substanz und gibt keine Ruhe. Die Steinmetze der heutigen Generation haben es etwas leichter als ihre Kollegen in früheren Tagen, denn die mit Druckluft betriebenen Meißelhämmer erleichtern ihnen die Arbeit. Doch die Feinarbeit an den Oberflächen des Steins wird wie vor sechshundert Jahren auch heute noch von Hand ausgeführt und erfordert hohes Können und Konzentration. Wer wird den Wettlauf mit der Zeit gewinnen?
All die großen Baumeister der vergangenen Jahrhunderte haben ein wichtiges Element vergessen: die Toiletten! Als ich vor vielen, vielen Jahren mit meinem kleinen Sohn am Münster vorbeiflanierte, kam von ihm der Hilferuf: Papa, ich muss mal. Also schnell hinter einen Pfeiler ... Kaum war das Höschen wieder oben, kam auch schon der Kommentar eines

Passanten: „Des muaß ja au net sei!" Worauf ich ihm völlig recht gab. Aber wohin auf die Schnelle? Wer also ein schwaches Bläslein hat, der sollte drüben im Stadthaus, wo sich auch die Touristik-Zentrale befindet, seinen Wasserstand in Ordnung bringen. Am Lautenberg, nur einen Steinwurf entfernt, liegt neben dem Neuen Bau ein richtiges Superklo, angeblich Deutschlands teuerstes Pinkeltorium.
Bei meinem letzten Urlaub 2009 in der Steiermark und dem Besuch der sehenswerten Innenstadt von Graz entdeckte ich in der dortigen Pfarrkirche ... Nein, keine Toilette. Etwas viel Schöneres: einen Kinderspielplatz vorne am Chor, eingefasst von zwei kleinen Bänken, mit Teppichen, Spielsachen und Büchern. In der alten Kathedrale meines Herzens dachte ich: Ist das nicht wunderbar! Oft sind es kleine Dinge, an denen wir uns erfreuen, und sei es bloß eine Kirche mit Herz für Kinder.
Wir nähern uns dem Ende der Münstergeschichten und befassen uns noch einmal kurz mit der Fertigstellung des Münsters und seiner Türme. 1870 arbeiteten am Münster 27 Steinmetze, 5 Lehrlinge, 9 Maurer, 1 Zimmermann, 1 Schreiner, 1 Schmied und 11 Tagelöhner, macht zusammen 55 Leute. Man konnte förmlich zusehen, wie die Türme in die Höhe schossen. 1889, in der Endphase des Baus, waren 126 Arbeiter im Einsatz, davon allein 75 Steinmetze. Voller Stolz verfolgte die Ulmer Bürgerschaft den Baufortschritt. Je höher der Münsterturm in den Himmel wuchs, desto leichter und zierlicher wurde die Helmpyramide, die sich immer weiter von allem Irdischen entfernte.
Und endlich war es soweit: Am 31. Mai 1890 um 18 Uhr hatte der Westturm seine endgültige Höhe erreicht. Jubel überall! Sie hatten es tatsächlich geschafft! Ulm lag sich in den Armen. Der Zeigefinger Gottes, der höchste Kirchturm der Welt strebte in die Höhe, um sich mit dem Himmel zu vereinen. Die grandiose Leistung fand in ganz Deutschland Beifall und Anerkennung. Zur offiziellen Einweihungsfeier vom 27.-29. Juni 1890 war die ganze Bürgerschaft Ulms samt Schulen und Vereinen eingebunden, um den geladenen Gästen – Prinzen, Herzöge, Grafen, Fürsten, an der Spitze das Königspaar, die Bürgermeister der geladenen Städte, kirchliche Würdenträger, Berater und Unterstützer – einen würdigen Empfang und Aufenthalt zu bereiten. Die Eisenbahn setzte zweiundreißig Sonderzüge ein, um Tausende von Festbesucher nach Ulm zu bringen.

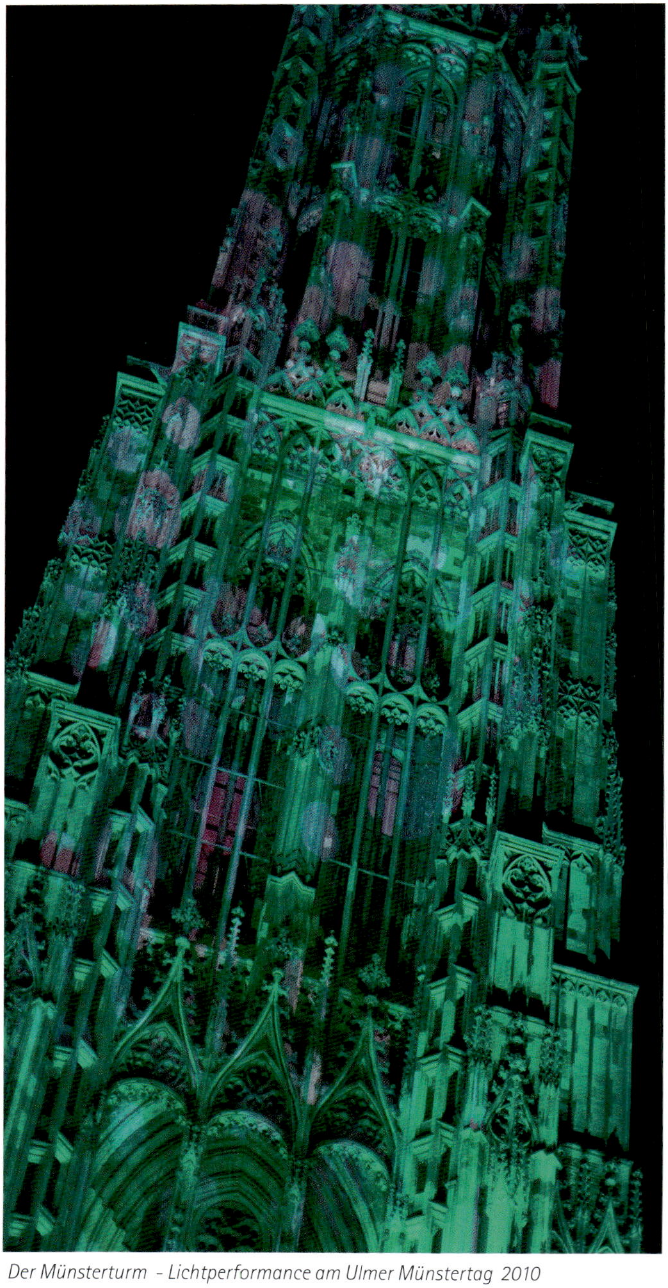

Der Münsterturm - Lichtperformance am Ulmer Münstertag 2010

Der Münsterturm – ein Gigant aus Stein

Der Westturm des Münsters ragt 161,5 Meter in den Himmel und ist somit der höchste Kirchturm der Welt. Von der Grundsteinlegung 1377 bis zur Fertigstellung des Münsters 1890 vergingen 513 Jahre. Am 31. Mai 1890, nach einer dreihundertjährigen Bauunterbrechung und vielen Schwierigkeiten, wurde die 17 Tonnen schwere Kreuzblume unter dem Jubel aller Beteiligten auf die Turmspitze gesetzt. Seitdem ist der Münsterturm der ganze Stolz der Stadt, ihr Mittelpunkt und Wahrzeichen zugleich.

Bis zu 140 000 Besucher im Jahr besteigen den Turm der Superlative, um den herrlichen Rundblick zu genießen. Aber Vorsicht! Bevor Sie die 70 Meter hohe Aussichtsplattform erreichen, sind 392 Treppenstufen zu bewältigen. Von der Viereckplattform geht es weitere 168 Treppenstufen nach oben zur Achteckplattform in 102 Metern Höhe. Wem bis jetzt die Knie noch nicht schlottern, der darf die letzten 208 Treppenstufen in Angriff nehmen und erreicht die 143 Meter hoch gelegene Kranzgalerie. Weiter geht es nicht mehr. Wer es bis hier geschafft hat, hat 768 Treppenstufen gemeistert. Auf dem Turm erwartet Sie ein Turmwächter, der Ihnen gerne Auskunft erteilt. Da bei einem Gewitter jeder zweite Blitz meint, er müsse hier oben seine Spuren hinterlassen, muss der Blitzableiter an der Spitze regelmäßig von Spezialisten gewartet werden.

Kein Turm der Welt, auch nicht der des Kölner Doms (156 Meter), der immer in Konkurrenz zum Ulmer Münster stand, zeigt eine so verschwenderisch reich gegliederte Ornamentik wie Ulms hoch aufgerichteter Zeigefinger der Gotik. Einst errichtet zu Ehren Gottes, aber auch der Stadt und ihrer Erbauer, wurde er zum Symbol für Bürgersinn, architektonischen Wagemut, Kreativität, Schaffenskraft und den Glauben an die Zukunft. Selbst die beiden kleineren Chortürme an der Ostseite (1875-80) zählen mit ihren 86 Metern noch zu den ganz großen im Land und brauchen sich nicht zu verstecken. Als die Ulmer mit dem Bau der größten Pfarrkirche des Heiligen Römischen Reiches begannen, ahnten sie nicht, wie viele schlaflose Nächte dieser gigantische Sakralbau ihnen noch bereiten sollte. Denn schon 1402, nur fünfundzwanzig Jahre nach der Grundsteinlegung, senkte sich der Turm und musste mit dicken Mauern unterfangen werden.

Wir genießen noch eine Weile den hervorragenden Ausblick und betrachten die quirlige Stadt mit ihren markanten Zeugnissen der Vergangenheit aus der Vogelperspektive. Hinter der Stadtmauer und dem Metzgerturm sehen wir die Donau, wie sie gemächlich gen Osten ihren Weg zum Schwarzen Meer sucht. Südlich des Grenzflusses, er trennt hier Bayern und Württemberg, erkennen wir bei klarer Sicht die Silhouette der schneebedeckten Riesen der schweizerischen, deutschen und österreichischen Alpenkette. Rechter Hand, abseits der Touristenpfade, befinden sich die Anlagen des 1093 gegründeten Wiblinger Klosters – ein Juwel des Barock. Alleine der Bibliothekssaal, der 1744, an der Wende vom Barock zum Rokoko, vollendet wurde, ist einen Besuch wert.
Direkt vor unseren Augen liegt der Neue Bau und davor das moderne Stadthaus des New Yorker Stararchitekten Richard Meier. Sein Entwurf war vielen Ulmern ein Dorn im Auge und hatte sogar ein Bürgerbegehren zur Folge. Im Westen sehen wir den relativ unscheinbaren Ulmer Bahnhof, der seit jeher ein wichtiger Verkehrsknotenpunkt ist. Hier können Sie zum Beispiel um 7.45 Uhr den französischen Hochgeschwindigkeitszug „Döschewe" besteigen, der Sie um 12.45 Uhr in Paris absetzt. Nein, natürlich sind wir hier nicht am Nabel der Welt – aber nicht weit davon entfernt.
Westlich von Ulm liegt das Blautal mit dem reizenden Städtchen Blaubeuren. In den letzten Jahren haben couragierte Taucher vom Blautopf aus Exkursionen in die Unterwelt der Schwäbischen Alb unternommen. Dort sind sie auf riesige unterirdische Höhlenlabyrinthe und Tropfsteinhöhlen mit gigantischen Ausmaßen gestoßen. In den nächsten Jahren sollen diese teilweise touristisch erschlossen werden.
Im Norden der Innenstadt dominiert das 1897 erbaute Justizgebäude. Daneben, auf der früheren Festungsmauer, finden wir die Grabenhäuser, die für Soldaten und ihre Familien gebaut wurden – heute eine geschätzte Innenstadtwohnlage. Neben dem Münster beginnt die Platzgasse. Sie führt Richtung Norden, vorbei am riesigen Fachwerkbau des Büchsenstadels, den man 1485 als Lagerhaus errichtete. Die gemütliche, ans Mittelalter erinnernde Gasse lenkt unseren Blick zum Salzstadel am Ende der Fußgängerzone. Hier ist das Museum der Brotkulturen untergebracht. Im Osten sehen wir das Kornhaus, ein Kornspeicher aus dem Jahre 1594. Weiter östlich liegt das Sanierungsgebiet „Auf dem Kreuz",

Blick Richtung Westen – in der Bildmitte der Neue Bau

Blick Richtung Süden – Rathaus (links), Metzgerturm (mitte), Pyramide der Stadtbücherei (rechts)

das wir Ihnen für einen kleinen Stadtbummel empfehlen. Zudem können Sie dort in der gleichnamigen Gaststätte hervorragend speisen (ab 17 Uhr). Bertram ist ein Koch aus Leidenschaft und gilt immer noch als Geheimtipp. An dieses Viertel schließt sich das 1944 größtenteils zerstörte Zeughaus an, das ehemalige Waffenarsenal der alten Reichsstadt. Rechter Hand liegt der um 1360 errichtete Gänsturm, ein östlicher Eckpfeiler der früheren Stadtmauer. Bei schönem Wetter sehen Sie die qualmenden Kühltürme des Atomkraftwerks Gundremmingen. Östlich davon liegen Leipheim und Günzburg. Letzteres ist heute bekannt für seinen Legoland-Vergnügungspark.

Die Turmspitze

Auf dem Viereckkranz des Ulmer Münsters ließ es sich früher auch gut feiern. So ist überliefert, dass – gegen Entrichtung des nötigen Scherfleins für den Münsterwächter – Studenten und andere „Zech- und Spielgemeinschaften" hier oben getagt haben. Um den Gelagen Einhalt zu gebieten, wurde 1761 ein Verbot erlassen. Zu Beginn des Turmausbaus 1883 fand mit dem Bankett des Ulmer Gemeinderats wohl zum letzten Mal ein Fest statt. Die Turmsanierung trat in die entscheidende Phase, und man begann mit dem Abbruch des alten Notdaches und des Wächterhäuschens. Technische Vorarbeiten zum Weiterbau des Turms hatten schon 1882 stattgefunden. Die nördlichen und südlichen Fensteröffnungen in Höhe der Fenster des Mittelschiffs wurden mit Sandsteinquadern verengt. 1934 wurden im Fundament des Turmes Chromnickelstahlanker quer durch die Grundmauern getrieben und die beiden östlichen Hauptpfeiler des Turms miteinander verbunden. Der Münsterturm ist bis heute eine Dauerbaustelle. 15 Steinmetze, 1 Polier, 1 Schreiner, 1 Maurer und eine Hilfskraft sind im Dauereinsatz um das Wohl des Münsters bemüht. Im Sommer, in schwindelnder Höhe auf dem Gerüst, werden Steine und Figuren ausgewechselt und repariert. Im Winter gibt es in der Münsterbauhütte mit den Vorbereitungen dafür genügend zu tun. Eine Steinfigur am Münster muss nach circa hundert Jahren ausgewechselt werden. Originalabgüsse aus dem Archiv sind bei der Rekonstruktion eine große Hilfe.

Die Große Betglocke (li) gegossen 1454 , Gewicht 3.800 kg; rechts die Dominica von 1931, 4.301 kg

Wir verabschieden uns freundlich vom Turmwächter und steigen hinab, vorbei am Glockenstuhl mit seinen zehn Glocken, die noch regelmäßig im Einsatz sind. Früher riefen sie die Menschen zur Messe und begleiteten die Toten auf ihrem letzten Weg. Es verging kaum eine Stunde, in der sie nicht irgendetwas mitzuteilen hatten. Das Glockengeläut war auch die einzige Richtschnur für die Bauern auf dem Feld. So warteten die Hütebuben sehnsüchtig auf das Viereläuten, denn erst dann durften sie ihre Milchlieferanten zum Stall begleiten.
Zum Läuten der Glocken benutzen die Läutebuben ein Seil. An den großen Glocken (sie wiegen einschließlich Schwengel bis zu 107 Zentner) waren zwei Zugseile befestigt. Einen besonderen Reiz hatte das Anhalten der eisernen Ungetüme. Die Buben mussten ihr ganzes Gewicht in die Waagschale werfen, um die Glocke zum Stillstand zu bringen. Bei den großen Glocken zog es die kleinen Ulmer Spatzen bis zu vier Meter in

In der Turmstube

die Höhe. Da hieß es Kopf einziehen, um nicht am Glockenstuhl anzustoßen. Ein trauriges Geläut fand anlässlich der „Glockenabschiedspredigt" statt, als im Jahr 1942 fünf Glocken für die deutsche Kanonenschmiede abgeholt wurden. Erst 1956 wurden sie durch neue ersetzt. Ein Jahr zuvor hatte man das Glockenläuten auf elektrischen Betrieb umgestellt. Damit war ein Stück Bubenromantik zu Ende gegangen.

Zum Abschluss unserer Turmbesteigung lassen wir noch Fritz Glauninger zu Wort kommen, der uns als Zeitzeuge in ein düsteres, fast vergessenes Kapitel der Zeitgeschichte führt. Sein Vater, da nicht mehr wehrtauglich, war 1944 dem Luftschutzwarnkommando auf dem Münsterturm zugeteilt, auf dem acht Männer im Achtstundentakt Feuerwache hielten. In der Turmstube konnten sie sich aufwärmen und ihr Essen erhitzen. Im Ernstfall mussten sie die örtlichen Stellen, insbesondere die Feuerwehr, aus luftiger Höhe über die Anzahl der Flugzeuge, das Angriffsziel und über Feuerbrände informieren. Als siebenjähriger Steppke hatte Fritz Glauninger die Aufgabe, seinem Vater einmal am Tag seinen Lieblingseintopf zu bringen. Er erinnert sich noch gut an den anstrengenden Aufstieg, für den er zehn Minuten brauchte. Aber der Besuch auf dem Turm hatte für ihn einen ganz besonderen Reiz. Er durfte Ulm und seine Umgebung durch die besonders starken Feldstecher erkunden. Was aber noch viel schöner war: Er durfte wohl als einziger Junge von Ulm mit den Modellflugzeugen spielen, die in zwei schweren Kisten bombensicher verstaut waren. Die circa fünfundzwanzig Modelle sollte den Wachmännern die Identifizierung der einzelnen Bomber- und Begleitflugzeuge erleichtern.
Die wertvollsten Fenster im Chor wurden ausgebaut und sorgfältig verpackt in Kellern eingelagert werden. Die Restaurierungsarbeiten am

Münster waren zu jener Zeit weitgehend eingestellt. Die wenigen Männer, die der Münsterbauhütte noch zur Verfügung standen, waren mit dem Ausbau und Sicherung der wertvollen Kunstschätze beschäftigt. Am 17. Dezember 1944 kam es trotz starken Bodennebels dann doch noch zu dem Großangriff der Alliierten, den sie mit großem Bangen erwartet hatten. Kurz nachdem sie die Warnung „Feindliche Flugzeuge aus Nordwesten im Anflug" erhalten hatten, schlugen auch schon die ersten Brandbomben zwischen ihnen ein, prallten auf das Turmgemäuer und rissen Kreuzblumen ab, die lebensgefährlich nahe an ihnen vorbei in die Tiefe sausten. Mit versteinerten Gesichtern sahen sie die Menschen aus ihren brennenden Häusern laufen. Meist waren es Frauen mit ihren Kindern, die nur ihr nacktes Leben retten konnten. Sie alle liefen zum Münster, um Schutz vor dem Feuerinferno zu suchen. Dann – verzweifelte Schreie im Turm. Die Frauen wurden von den giftigen Gasen und Rauchschwaden immer höher hinauf getrieben. Hier gab es kaum Schutz, aber wenigstens genügend Sauerstoff zum Atmen. Die Wachleute des LSK (Luftschutzkommando), ebenfalls vom Erdboden abgeschnitten, tauchten Decken ins Löschwasser, um die Frauen, Kinder und sich selbst vor dem Funkenflug und der Hitze zu schützen. Später, als das Schlimmste vorbei war, mussten die Turmflüchtlinge aus ihren zu Eis gefrorenen Mänteln geschält werden. Auf der Turmplattform fand sich sogar ein zwanzig Pfund schwerer Pflasterstein, der bis auf den Hauptturm geschleudert wurde. Noch heute finden Steinmetze bei ihren Renovierungsarbeiten Stahlsplitter der Bomben in den Kreuzblumen versteckt. Den schlimmsten Schaden aber richtete eine fünfhundert Kilogramm schwere Sprengbombe am südlichen Chorturm an. Sie verirrte sich beim Angriff auf Neu-Ulm zum Münster, riss ein dreizehn Meter großes Loch in die Wand und beschädigte das Dach des Chors samt Gewölbe schwer. Bereits Napoleon hatte das Münster mit einer Kanonenkugel malträtiert. Sie ist in der Turmstube der Viereckplattform zu bestaunen.

Dabei war das Ulmer Münster im Vergleich zum Kölner Dom noch glimpflich davongekommen. Köln war nach 262 Bombenangriffen der Alliierten – fünfzig davon wurden als besonders schwer eingestuft – eine einzige Steinwüste. Der Dom war eine riesige Ruine und nur Gott allein weiß, warum er nicht vollends zusammenfiel. Allein drei Gewölbefelder des Langhauses waren eingestürzt. Ein Teil des Daches fehlte ganz, der Rest sah so löchrig aus wie Schweizer Käse.

Was haben wir für ein Glück, in eine relativ friedliche Zeit hineingeboren zu sein. Wo früher Militärparaden und -konzerte stattfanden, finden heute Weihnachts- und Wochenmärkte statt. Aber auch die Kultur gibt sich hier am Münsterplatz ein Stelldichein, zum Beispiel am Landesposaunentag, der alle zwei Jahre stattfindet und an dem sich 9000 Bläser beteiligen. Und weil es am Münsterplatz ab und zu recht zugig ist, haben die Ulmer diesem Zustand auch einen Kindervers im altulmer Dialekt gewidmet.

Am Menschterplatz
got ällaweil a Weed
ond blost dem Keed
s' Käpple vom Greed.

Der Ulmer Weihnachtsmarkt

Die Münsterorgel

Kirche und Orgel gehören zusammen wie Stimme und Kopf. Die erste Orgel im Münster fiel dem Bildersturm von 1531 zum Opfer. Erst 1578 gab Herzog Albrecht von Bayern dem Orgelbauer Kaspar Sturm den Auftrag, eine neue Orgel mit 1700 Pfeifen zu bauen. Im Frühjahr 1889 errichtete die Bauhütte ein geschnitztes Orgelgehäuse auf der Empore. Dort wurde die von der Firma Walker völlig umgearbeitete Orgel mit jetzt 6231 Pfeifen eingebaut. Durch die Versetzung der Orgel vom Turmraum ins Mittelschiff verbesserte sich die Akustik erheblich. Der Wind wurde mit einem 4-PS-Gasmotor und sieben Blasebälgen erzeugt. Die überschüssige Energie nutzte man zum Betrieb eines Läutwerks und für die Beleuchtung des Orgelraums – es war das erste elektrische Licht in Ulm. Die Orgel galt als eine der größten und technisch fortschrittlichsten Europas. 1969 fertigte die Firma Walker die heutige Orgel mit ihren 8875 Pfeifen, fünf Manualen und hundert Registern. Die Organisten lebten früher recht gefährlich: 1660 fuhr ein Blitz durch den Turm herab in die Orgel und zerstörte fünfhundert Pfeifen.
Um die Orgel zu besichtigen und Wissenswertes zu erfahren, empfiehlt es sich, eine Orgelführung zu buchen. Da diese Führung sehr gefragt ist und meistens nur einmal in der Woche stattfindet, sollten Sie rechtzeitig buchen. Und nicht vergessen – zuerst müssen Sie 106 Stufen bewältigen, bis Sie zum Allerheiligsten vordringen. Einen Aufzug gibt es nicht. Den Ruhm, die größte Orgel Deutschlands zu besitzen, muss sich Ulm heute mit Passau und Lübeck teilen. Die größte Orgel der Welt steht übrigens nicht wie man annehmen möchte in einer Kirche, sondern in einem großen Kaufhaus in Atlanta – als Lockvogel für Kunden.
Aber nun zur Orgel selbst. Die kleinsten Pfeifen sind nur acht bis elf Millimeter lang und für die meisten Menschen kaum wahrnehmbar. Die größten ragen bis zu zwölf Meter in die Höhe. Über der Orgel sind zwanzig verschiedene Schallbecher angebracht, um die Töne zu verstärken. Die ersten Orgeln stammen aus der Zeit um 800 n. Chr. und erzeugten Tanzmusik. Wer vorhat, eines der Orgelkonzerte zu besuchen, die meist sonntags um 11.30 Uhr stattfinden, sitzt am besten vorne, möglichst nahe an der Orgel. Dort ist die Lautstärke noch moderat. Je weiter hinten Sie sitzen, desto lauter wird es. Immerhin erzeugt so eine Orgel in voller

Die Münsterorgel

Lautstärke bis zu 105 Dezibel. Laut Arbeitsrecht sind nur 80 Dezibel erlaubt, und so werden die Organisten in Zukunft wohl angehalten sein, Lärmschützer zu tragen. Zum Vergleich: Ein Düsenjet erzeugt beim Start 120 Dezibel. Früher spielten an einer großen Orgel bis zu drei Personen. Hinter den Kulissen traten außerdem drei bis vier Jungen die Blasebälge aus Schafsfell. Heute erledigt das die Technik. Ansonsten haben sich die Orgeln kaum verändert.

Wir unterscheiden zwischen Labial- oder Lippenpfeifen. Insgesamt stehen dem Organisten vierundzwanzig verschiedene Pfeifen zur Verfügung, von der Weitflöte, Trompete und dem Krummhorn über Spillpfeife und Rohrflöte bis hin zur Bärpfeife. Sie müssen bis zu achtmal im Jahr von Orgelstimmern gestimmt werden. Die Pfeifen sind so weich, dass man sie am besten nicht berührt. Eine große Pfeife wiegt bis zu 490 Kilogramm. Der Orgel angeschlossen sind Messingglocken, die besonders an Weihnachten zum Einsatz kommen. Als die Gemeinde vor Jahren das Weihnachtslied „Oh, du fröhliche ..." sang, verstummte plötzlich das Orgelgeläut und der Organist war gar nicht mehr fröhlich – die Anlage hatte ohne Vorwarnung ihren Geist aufgegeben. Nach diesem Vorfall wurde die Orgel erneuert und gestimmt, sodass das Weihnachtsfest unter dem großen Adventskranz heute nichts mehr stören kann.

Vielleicht lässt sich der Organist nach seinem Vortrag überreden und spielt Ihnen zum Abschied noch ein ausgewähltes Orgelmusikstück vor, sozusagen privatissimo. Aus nächster Nähe können Sie den Meister der Pfeifen bestaunen und ihm applaudieren. Und staunen werden Sie, das darf ich Ihnen jetzt schon verraten. Auf fünf Etagen und 58 Tasten pro Etage arbeitet der Organist hochkonzentriert mit Händen und Füßen. Luftige Tonwinde wechseln sich ab mit donnernden Attacken, Töne kreuzen sich, entwirren sich wieder, verschlingen sich ineinander und harmonieren miteinander. Akkorde voller Unschuld und Reinheit hallen bis in die letzten Winkel des Kirchenschiffs.

Da kann eine Dorfkirche mit ihren 2000 Pfeifen natürlich nicht mithalten. Das ist Musik der Kathedralen, die große Emotionen weckt und mit ihrer spirituellen Kraft die Herzen öffnet. Man muss in den Raum hineinhören, den Klang förmlich aufsaugen, an einem warmen Sonntag da oben auf der Empore stehen, das Dämmerlicht, das die Pfeiler der Münsterhalle umspielt, genießen und umgarnt von Orgelweisen die Nacht erwarten.

Kleine Münsterführung

Sicher stehen Sie vor dem Hauptportal und wundern sich, dass es nicht geöffnet ist. Dieses Portal wird nur am Sonntag, zum Gottesdienst, oder zu Konzerten geöffnet. Den Eingangsbereich finden Sie rechts an der Südwestecke. Er ist von Ostern bis Oktober von 9-18 Uhr geöffnet. Weitere Öffnungszeiten entnehmen Sie bitte der Hinweistafel links vom Eingang. In der kleinen Empfangshalle finden Sie die Kasse. Sie ist zugleich Verkaufsstelle für Postkarten, Stadt- und Münsterführer und für weiterführende Literatur. Auskünfte über Gottesdienste, Orgelkonzerte und -führungen und weitere Veranstaltungen geben Ihnen die Angestellten des Münsters, die sich im Eingangsbereich aufhalten.

Westportal

Das mit eisernen Gittertüren verschlossene Westportal liegt zurückversetzt in der Turmvorhalle und wird von zwei Pfeilern getragen. Am Mittelpfeiler steht Christus als Schmerzensmann, um die Gläubigen willkommen zu heißen. „Ich bin die Tür ", sagte Jesus, „wer durch mich hineingeht, wird gerettet werden." (Joh. 10,9) Das Hauptportal des Ulmer Münsters wurde um 1400 von Ulrich von Ensingen erschaffen. Der Bischof von Rottenburg schrieb darüber: „Die Feinheit der Anlage und Reichtum der Statuen bilden zusammen eine der schönsten Vorhallen der Welt." Die Reliefs im Tympanon stammen aus der Gründerzeit und erzählen die Geschichte der Schöpfung und des Sündenfalls. Wer sich über die große Vielfalt der Figuren detailliert informieren will, sollte sich einer speziellen Münsterführung anschließen.

Wir gehen nun in das Allerheiligste des Münsters. Sie werden von der Monumentalität und Größe des Innenraums fasziniert sein. Die schlanken Säulen, die das Gewölbe tragen, scheinen aus dem Boden zu wachsen und geben dem Raum einen schlichten, fast schon bescheidenen

Das Mittelschiff

Rahmen. Kein goldener Protz mit überladenen Bildern und Schnitzkunst stört den Andachtsraum. Man spürt den Atem der Jahrhunderte in seiner heiligen Nüchternheit. Vielfältig bricht sich das Licht tagsüber an den Pfeilern. Das Morgen- und Abendlicht verleiht Chor und Mittelschiff eine fast mystische Aura.

Wir haben das große Glück, dieses herrliche Gebäude unversehrt bestaunen zu dürfen. Man spricht heute noch vom „Wunder von Ulm", dass das Münster den Bombenhagel auf Ulm am 17. Dezember 1944 fast unversehrt überstanden hat. Lange ging das Gerücht um, die Angreifer hätten das Münster absichtlich verschont. Dennoch wurde das Gotteshaus von immerhin fünfzig bis sechzig Brandbomben getroffen. Dank seines Dachstuhls aus Metall und einer Gruppe mutiger Frauen und Männer, die unter lebensgefährlichen Bedingungen die Feuerwache übernahmen, hielten sich die Schäden jedoch in Grenzen. Das Feuer, das die Nazis anlässlich der Bücherverbrennung am 15. Juli 1933 auf dem Münsterplatz vor dem Hauptportal entfachten, hatte die Welt in ein Flammenmeer gestürzt, das alles zu zerstören drohte. Die Innenstadt von Ulm brannte sieben Tage vor Weihnachten lichterloh. Die Stadt war danach zu 62 Prozent zerstört. Den gewaltigen Feuersturm konnte man bis zu hundert Kilometer weit sehen. Bis von Münsingen auf der Alb kamen Feuerwehren zum Einsatz, besetzt nur noch von Frauen, denen die viel zu großen Uniformen um die Beine schlotterten. Das Münster war umgeben von rauchenden Ruinen und Bombentrichtern. Der Weltuntergang schien nahe. 707 Ulmer fanden in dieser Nacht den Tod, darunter viele Frauen und Kinder. 9000 Häuser wurden Opfer der Flammen und 25.000 Menschen wurden obdachlos.
Im Münster hatte man für diesen Tag vorgesorgt. Auf dem Dachboden, dem Turm, in der Halle und auf der Orgelempore standen sechzig mit Wasser gefüllte kupferne Kessel, um das Feuer der Brandbomben im Keim ersticken zu können. Der halbe Kirchenchor war nach dem Fliegeralarm in die Kirche und den besonders gefährdeten Orgelraum geeilt, um die Feuerwache zu übernehmen. Das wertvolle Chorgestühl umfasste man mit einer Schutzmauer aus Ziegeln. Darüber kam eine fünfzig Zentimeter dicke Balkendecke, die alle fünfzig Zentimeter, wie im Bergbau, abgesprießt wurde. So abgesichert, überlebte dieses einmalige Kunst-

werk den Bombenangriff im Dezember 1944 unbeschadet. Nicht soviel Glück hatte der Hüter dieser Kostbarkeiten, Münsterbaumeister Dr. Karl Friederich (1928-1944). Er wurde 1944 bei einem Tieffliegerangriff tödlich verwundet.
Die Kirchenfenster hatte es allerdings böse erwischt. Holzbretter und Sandsäcke konnten gegen die Druckwellen der Bomben, die in unmittelbarer Nähe explodierten, nichts ausrichten. Die Fenster wurden aus ihrer Verankerung gerissen und auf den Münsterplatz geschleudert, wo sie zerschellten. Besonders wertvolle Fenster aus dem Mittelalter haben im Keller der Neithardkapelle wohlverpackt überlebt. Nach dem Fliegerangriff verschalte die Münstergemeinde die Fensterhöhlen zunächst notdürftig mit Brettern. Der Gottesdienst konnte erst mit dem Einbau von Notfenstern wiederaufgenommen werden. 1949-52 wurden Interimsfenster eingesetzt, wie wir sie auf der Nordseite heute noch sehen. An der Südseite sind heute bis auf eine Ausnahme alle Fenster erneuert. Sie unterscheiden sich von der mittelalterlichen Machart durch eine moderne Gestaltung. Manche Betrachter können sich allerdings mit dem neuen Design nicht anfreunden und empfinden die Fenster im Münster eher als Fremdkörper. Die Kosten für ein neues buntes Fenster würden sich heute grob geschätzt auf 90.000-120.000 Euro belaufen. 1880 kostete ein Kirchenfenster 10.000 Mark. Zwischen 1878 und 1913 wurden von den 28 neuen bemalten Fenstern im Chor und in den Seitenschiffen allein 26 von privaten Stiftern gesponsert.

Eine kleine Anekdote, erzählt vom Altbaumeister Lorenz, möchte ich hier wiedergeben. Nach dem Bombenangriff suchte ein Soldat auf Heimaturlaub die Innenstadt auf, da sein Zug Opfer der Flammen geworden war. Er, der das Münster schon in Kindheitstagen mit seinen Eltern besucht hatte, war entsetzt über die Verwüstung, die er vorfand. Traurig betrachtete er die toten Fensteröffnungen und suchte nach Resten der früheren Kunstwerke. Und er wurde überraschend fündig. Ein Segment des Kaiserfensters von der Westwand lag unversehrt im Bauschutt, halb verborgen in einem Bombentrichter. Ohne zu zögern packte er es in seinen Koffer, um es vorerst einfach in Sicherheit zu bringen. Doch fand er niemanden, der das Fensterteil in Obhut nehmen wollte. So landeten es zwei Tage später in Rothenburg o. d. Tauber im Keller seiner Mutter.

Nach dem Krieg war der ehemalige Soldat beruflich erfolgreich und konnte ein schönes Haus für sich und seine Familie kaufen. Darin war das ehemalige Münsterfenster die Attraktion. Als der Mann in Rente ging und sein Haus verkauft werden sollte, packte ihn das schlechte Gewissen, das ihn die ganzen Jahre über schon geplagt hatte. Er rief den Baumeister Lorenz an, um ihm den Fall zu schildern. Der fiel aus allen Wolken, als er die Geschichte hörte, und fuhr gleich am nächsten Tag los, um den unschätzbaren Fund zu bergen. Das Münster und seine unendliche Geschichte!

Die 1834 als Verstärkung des Turms eingebaute Hauptturmhalle ist heute Gedenkhalle für die Ulmer Gefallenen der beiden Weltkriege. In den Deckengewölben hängen Fahnen der betreffenden Ulmer Regimenter. In der nördlichen Vorhalle finden wir eine Galerie früherer Münsterpfarrer sowie eine kleine Statue Gustav Adolfs von Schweden aus dem 17. Jahrhundert.

Unter all den herrlichen Kunstwerken aus Stein ragt der „Schmerzensmann" besonders hervor. Er bildet den Mittelpunkt des Haupteingangs, und wo immer man steht, schaut er den Betrachter an. Er verkörpert alles Leid der Welt und alle Liebe Gottes. Hans Multscher hat ihn 1429 geschaffen. Er begründete des Meisters Ruhm weit über die Grenzen Ulms hinaus. Seit mehr als fünfhundert Jahren begrüßt der Schmerzensmann die Gläubigen hier am Eingang. Aber der Zahn der Zeit hat auch ihn nicht verschont, und so wurde er durch eine Kopie ersetzt. Das Original finden Sie am Chorbogen rechts vom Schiff. Dieses Bildnis von Christus als Schmerzensmann ist eine der bedeutendsten Skulpturen des Münsters.

Schmerzensmann im Westportal

Die ersten Baumeister des Münsters planten eine große Halle. Das Mittel- und die beiden Seitenschiffe sind deshalb gleich hoch. Der Besucher sollte beim Betreten des Gotteshauses einen Vorgeschmack auf den Himmel erhalten. Im Münster konnte er Kraft tanken für das Leben außerhalb der gesegneten Mauern. Noch heute, 630 Jahre später, zieht der sakrale Bau die Besucher in seinen Bann. Die heilige Halle wirkt in ihrer Bescheidenheit stärker als andere Gotteshäuser im goldenen Gewand. In der 5.100 Quadratmeter großen Kirchenhalle hängen über den Portalen und an mehreren Pfeilern 187 farbige Wappenschilde von vornehmen, verstorbenen Patrizierfamilien. Das Ulmer Münster besitzt die größte Sammlung von Totenschilden in Europa. Die ursprünglich 330 Exemplare hingen früher an Balken zwischen den Säulen. Zur 300. Jubelfeier der Reformation 1817 wurden auf Anweisung des Evangelischen Konsistoriums in Stuttgart „die alten oft Aberglauben nährenden Gemälde" an den Wänden mit einer grauen Steinfarbe „geschmackvoll und gefällig" übertüncht, die Säulen ebenso. 1879/80 entfernte man die Farbe wieder, unter anderem am „Jüngsten Gericht", im Laufe der Renovierung von 1962-70 dann im gesamten Kirchenraum.

Totenschilde

Während wir uns langsam auf die Hallenmitte zu bewegen, beachten Sie bitte links und rechts die acht Pfeiler mit ihren herrlich gearbeiteten Konsolen. Lange vor unserer Zeit, als es noch keine Lautsprecher gab, war es für die Prediger schwer, sich in der großen Halle überall verständlich zu machen. Bildschnitzer Jörg Syrlin d. J. entwickelte 1510 einen Schalldeckel aus Holz, der das Wort Gottes von der Kanzel hinunter zu den Gläubigen trug. Im Rahmen des Schalldeckels führt eine Wendeltreppe zu einer zweiten Kanzel hinauf. Sie ist für den „unsichtbaren Prediger über dem Sichtbaren" gedacht und wurde 1510 von Jörg Syrlin erbaut und signiert. Von der steinernen Kanzel aus spricht der Pfarrer seine „irdische Predigt", über ihm hat der Heilige Geist mit seiner „himmlischen Predigt" Platz. Das Schallerlebnis machte auf die Gläubigen natürlich einen Rieseneindruck, und andächtig lauschen sie auch heute den Worten des Herrn.

Grundsteinrelief

Ein paar Meter weiter sehen wir rechter Hand das „Grundsteinlegungsrelief". Die Inschrift des Steins gibt uns Auskunft über Datum und Uhrzeit der Grundsteinlegung. Das Modell der Pfarrkirche zeigt das Münster, wie es ursprünglich geplant war – als Hallenkirche mit drei gleich großen Türmen. Am Chorbogen sehen Sie ein furchteinflößendes Bild, das den Gläubigen das Jüngste Gericht vor Augen führt. 130 Figuren kann man zählen und alle sind sie vertreten: vom Teufel, der die Sünder in Richtung Hölle zerrt, bis zu den Engeln, die das Ende der Zeiten verkünden. Maria und Johannes der Täufer nehmen in der Mitte des Bildes einen besonderen Platz ein. Über allen aber thront Jesus Christus.

Das Wandgemälde von 1471 stammt vermutlich von dem Ulmer Maler Hans Schühlin. Es zählt mit seinen 456 Quadratmetern zu dem größten spätgotischen Fresken nördlich der Alpen. Es war lange Zeit hinter grauer Steinfarbe verborgen, bis es 1879 freigelegt und aufgefrischt wurde. Leider hat es dabei seine Leuchtkraft verloren. Und an dieser Stelle brachte eine der bekanntesten Stadtführerinnen, Mathilde Metz, eine Gruppe Franziskanermönche mit ihrer Bemerkung „s' isch fei scho a Schand, dass so gstandane Männer koine Weiber hent" arg in Verlegenheit. Betretenes Schweigen war die Folge. Am Ende der Führung kam einer der Gescholtenen zu ihr und flüsterte mit seinem schelmischen Lächeln: „Man kann auch im Stillen Gutes tun". Ja, Mathilde Metz war „koi Gwöhnliche", wie man im Schwabenland zu sagen pflegt, eben außergewöhnlich – ein Ulmer Original, wie man es heute kaum noch findet.

Am Eingang zum Chor steht linker Hand das Sakramenthaus. Mit einer Höhe von 26 Metern zählt es zu den höchsten und sicher auch schönsten Sakramentshäusern der Gotik. Es entstand zwischen 1467 und 1471 und wurde von einem unbekannten Meister geschaffen. Auf einem quadratischen Unterbau, zu dem zwei schön geformte Treppen emporführen, steht der mit einem Gitter verschlossene Kasten, das Tabernakel.

Es diente zum Aufbewahren des geweihten Brotes und des Weins. Über ihm erhebt sich ein Turm, der mit seinen immer schmaler werdenden Etagen in den Himmel zu wachsen scheint. Der Tabernakelturm wird von drei lebensgroßen Steinfiguren geschmückt: Moses, erkennbar an den Hörnern, die man ihm irrtümlich im Mittelalter verpasst hatte, David mit einer Krone und Aaron, der Bruder von Moses, zu dessen Füßen das Ulmer Wappen zu sehen ist.
Rechts vor dem Chor steht das Original des schon erwähnten Schmerzensmannes. Dornenkrone und Lendenschurz sind ebenso wie die anderen Details naturgetreu ausgeführt. Am Eingang zum Chor steht der Kreuzaltar, gemalt 1548 vom Nördlinger Stadtmaler Hans Schäufelin d. Ä. Hier wurden die Messen an Allerseelen abgehalten, deswegen nennt man ihn auch Seelaltar. Über dem Altar hängt eine Kopie des vier Meter hohen Kruzifixes. Das Original gelangte in den Wirren des Bildersturms auf Umwegen in die Klosterkirche von Wiblingen, die Sie, sofern es Ihre Zeit erlaubt, unbedingt besuchen sollten. Allein die herrlich gearbeitete Bibliothek ist einen Besuch wert.

Kruzifix

Der Chor des Ulmer Münsters mit seinem herrlich gearbeiteten Chorgestühl und der Farbsymphonie der Kirchenfenster war ein prächtiger Rahmen für das Zentrum der Kirche, den einstigen Hochaltar. Im westlichen Teil steht zu beiden Seiten das Chorgestühl, im östlichen Teil befindet sich der Altarraum. Die christlichen Kirchen orientieren sich immer entlang der Ost-West-Achse. Im Osten geht die Sonne auf, was Leben, Erlösung und Heil bedeutet. Im Osten lebte und starb Christus, und von dort wird er auch wieder erwartet. Der Westen symbolisiert den Ort des Sonnenuntergangs, also Dunkelheit und Tod. Die Botschaft der Fenster mit ihren bunten Glasmosaiken ist leicht zu verstehen, besonders für diejenigen, die nicht lesen können.

Chorgestühl

Das Chorgestühl ist wohl das am meisten bewunderte Kunstwerk im Münster. Dort saßen einst Pfarrer, Kaplane und die Prominenz der Stadt. Die Sitze waren meist hochgeklappt, denn es wurde stehend gebetet. Da das Hoch- und Herunterklappen immer für Unruhe sorgte, waren die Anwesenden angehalten, „die Klappe zu halten". Wenn die Beine ermüdeten, fand man unauffällig Halt an der sogenannten Misericordie (Helfer in der Not), einer Stütze, die an der Unterseite der Sitze angebracht war. Der Künstler, der das Chorgestühl schuf, war kein anderer als Jörg Syrlin d. Ä. Er stammte aus Söflingen, einem Vorort von Ulm. Fünf Jahre arbeitete er am Chorgestühl. Mit ihm hatte Ulm eine glänzende Wahl getroffen. Bevor er den endgültigen Auftrag erhielt, musste er als Probestück den Dreisitz, der vor dem Chor steht, anfertigen. Alleine dafür benötigte er zwei Jahre. Die Stadt schämte sich nicht, ihm dafür nur 33 Gulden zu bezahlen. Doch der Aufwand sollte sich für ihn auszahlen.
Das Chorgestühl mit seinen vier Reihen hat 89 Sitzplätze. An den Stuhlwangen sehen wir heidnische Weise. Die Rückwände zeigen in der Mitte biblische Gestalten des Alten Testaments," und in der oberen Reihe solche des Neuen Testaments. Entsprechend sind auf der Gegenseite biblische Frauen, sogenannte Sybillen (weissagende Frauen), als Stuhlwangen angebracht und darüber weibliche Gestalten aus dem Alten und

Neuen Testament. Es ist wahrscheinlich das schönste Chorgestühl, das die Gotik hervorbrachte.
Der heutige Choraltar ist ein sogenannter Sippenaltar. Das Sockelbild zeigt das letzte Abendmahl. Oben in der Ecke sehen wir Judas, den Verräter, mit einem Beutel Goldstücke. Vor ihm erkennen wir einen Apostel mit etwas größerem Kopf und angehender Glatze. Es ist niemand anderes als der Künstler Martin Schaffner, der sich mit einem Selbstporträt in die Reihe der Heiligen geschmuggelt hat. Laux Hutz, der Stifter des Altars, war das Oberhaupt eines der reichsten Familien von Ulm. Natürlich hatten diese seinerzeit einen privaten Familienaltar, an dem ein eigens angestellter und entlohnter Kaplan die Messe hielt. Hutz bestimmte in seinem Testament eine größere Summe für den Bau eines solchen Altars. 1521 wurde er eingeweiht. Zu Beginn der Reformation empfahl der Ulmer Rat der Familie, ihr Heiligtum zu entfernen, was ihn sicher vor der Zerstörung rettete. 1809 kehrte er ins Münster zurück und dient seither als Hauptaltar.
Manche reiche Familien besaßen nicht nur Altäre, sondern eigene Kapellen, also Kirchen in der Kirche. Erhalten sind uns die Neithart- und die Bessererkapelle. Heute ist die kleine Neithartkapelle für Menschen reserviert, die ungestört beten wollen. Auf der Frauenseite des Chorgestühls führt uns der Weg in die Bessererkapelle. Die altehrwürdigen

Bessererkapelle

Grabsteine an den Wänden erzählen, dass die Besserer hier über hundert Jahre ihre letzte Ruhestätte fanden, bis Bestattungen im Münster 1526 untersagt wurden. Der kleine schlichte Chor des Kirchleins und seine Fenster sind eine mittelalterliche Kostbarkeit.
Zum Abschluss unseres Rundgangs besichtigen wir den Taufstein, ein in sich geschlossenes, harmonisch gestaltetes Kunstwerk aus dem Jahre 1474 und einer meiner Lieblingsorte im Münster. Der dreiseitige, formvollendete Aufbau zeigt uns die Steinmetzkunst vergangener Zeiten. Der hohe Taufdeckel wird mit einer Seilwinde hochgezogen. Im Winter ist hier wenig Betrieb, da das Münster an kalten Tagen einem Eiskeller gleicht. Trotz der erneuerten Elektroheizung von 2001 tragen die Münsterpfarrer vorsichtshalber warme Winterunterwäsche. Es herrscht hier nicht nur Eiseskälte, sondern es zieht auch noch. Dabei zieht es in Wirklichkeit gar nicht, es ist nur die warme Luft, die nach oben steigt. Damit die Gottesdienstbesucher nicht mehr so frieren, hat die Gemeinde kürzlich fünfhundert warme Decken angeschafft.

Taufstein

Noch ein Hinweis zum Schluss: Zwei Wochen über Ostern, dann wieder ab 1. Mai bis Ende Oktober und für drei Wochen während des Weihnachtsmarkts treffen Sie im Münster auf ehrenamtliche Helfer, die Ihnen beratend zur Seite stehen. Sie erkennen sie an ihrem weißen Tuch, das sie um die Schulter tragen.

Lageplan

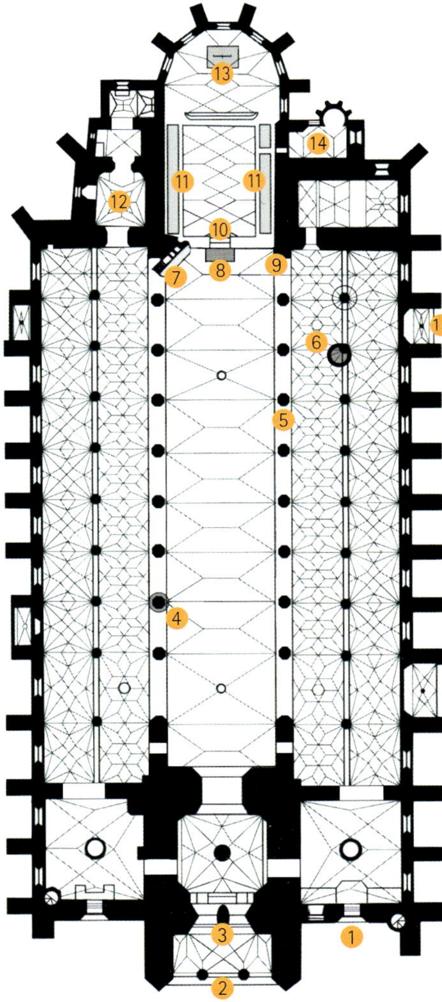

1 Eingang
2 Westportal
3 Schmerzenmsmann
4 Kanzel
5 Grundsteinrelief
6 Taufstein
7 Sakramentshaus
8 Kreuzaltar
9 Schmerzenmsmann (original)
10 Dreisitz
11 Chorgestühl
12 Neithartkapelle
13 Choraltar
14 Bessererkapelle
15 Brautportal

Valentinskapelle

Auf dem Gelände des heutigen Schuhhauses bauten Mönche des Zisterzienserordens, dem das Kloster Bebenhausen bei Tübingen gehörte, 1292 ein Konventhaus. Dort zogen sie einen florierenden Weinhandel auf, was der Stadt ein Dorn im Auge war, da die christlichen Herren von der Steuer befreit waren. Die riesigen Weinkeller zogen sich bis zum südöstlichen Münsterchor. 1376 nahm der Ulmer Rat den Städtekrieg gegen den Grafen von Württemberg, dem Beschützer des Klosters, zum Anlass, den Ulmer Pfleghof aufzulösen. Einen Teil der Kelleranlage erwarb 1458 die Ulmer Patrizierfamilie Rembold, die sie als Grablege benutzte. Darüber entstand eine schlichte Kapelle, die etwa doppelt so groß wie die Bessererkapelle im Münster war. Man verzichtete auf Schmuck und Verzierungen, um nicht mit dem Münster zu konkurrieren. Der Münsterfriedhof wurde 1525 geschlossen und in eine Grünfläche mit einer kleinen Lindenallee verwandelt, die auf die Valentinskapelle zulief. Ein Teil der alten Weinkeller hatte dem Friedhof als Beinhaus gedient.

Valentinskapelle

Neben Öl, das in einer Ölmühle an der Blau gewonnen wurde, war Schmalz eines der wichtigsten Handelsgüter jener Zeit. Es wurde aus Ungarn auf den Bayernschiffen mit bis zu dreißig Pferden die Donau

hinauf geschleppt. So, wie die Stadt ein Kornhaus, einen Salz- und einen Ölstadel besaß, waren die Keller der Valentinskapelle lange Zeit das Vorratslager der städtischen Schmalzvorräte. Um für den Dreißigjährigen Krieg gerüstet zu sein, kaufte die Stadt 1.200 Zentner Schmalz auf. 1536 baute die Stadt an die Nordwand eine ladenartige Öffnung, um „das Schmalz zu wägen und zu verkaufen". Erst 1864 wurde die Kapelle wieder in ihren ursprünglichen Zustand versetzt. Seit dieser Zeit nennen die Ulmer die Valentinskapelle im Volksmund „Schmalzhäusle".
Eine Zeit lang diente das Gebäude auch als Wohnung für den Münstermesmer. 1809 wurde das Schmalzhäusle an einen Bierbrauer veräußert. Der Stiftungsrat des Münsters kaufte das Ulmer Kleinod 1859 zurück und veranlasste eine gründliche Renovierung des arg lädierten Kirchleins. Seine großen Gewölbekeller machten es für immer neue Nutzung attraktiv. Während des Krieges diente es als Luftschutzbunker. Nach 1945 lagerte der Ulmer Lebensmittelhändler Gaissmaier lange Zeit seine Waren dort ein. Heute wird die Kapelle von der russisch-orthodoxen Gemeinde benutzt. Aufgrund umfassender Sanierungsarbeiten ist die Kapelle bis voraussichtlich 2011 geschlossen.

Zu Schillers Geburtstag verfasste der damalige Präzeptoratsverweser Fischer am 10. November 1859 folgendes Lied:

Nicht zu dem Prunk der Marmorhallen,
die sich des Mächt'gen Stolz erbaut,
lasst uns zu jener Hütte wallen,
die arm und klein gen Himmel schaut.

Ob es für die Valentinskapelle komponiert wurde, ist nicht überliefert. Doch es trifft das Gefühl, das der Betrachter angesichts des Winzlings neben dem Giganten Münster verspürt.

Delphinbrunnen

Der schönste Brunnen Ulms hat endlich seinen ihm gebührenden Platz zwischen Münster und Valentinskapelle gefunden. Im Gegensatz zu den „Röhrenkästen" stand er zur Reichsstadtzeit geschützt vor Wind und Wetter im zweiten Stock des Brunnenwerkes „Seelengraben", was bei dem Betrachter dieses Kunstwerkes wohl ein Kopfschütteln hervorruft. Die Ulmer Brunnenwerke jener Zeit waren berühmt und zogen viele noble Gäste aus anderen Städten und Ländern an. Den Erbauern diente der prächtig gestaltete Delphinbrunnen als Prestigeobjekt bei ihren Führungen. Als Ulm 1873 eine zentrale Wasserversorgung bekam, wanderte das Kunstwerk als Wasserspeier, ohne die Delphine, auf den Taubenplatz vor dem Museum. Als 1911 auf dem Dachboden des Gas- und Wasserwerks die verschwundenen Delphine auftauchten, wurde er in alter Schönheit wieder in Betrieb genommen. Im Jahr 2000 erhielt er seinen jetzigen und hoffentlich endgültigen Standplatz. Die Anzahl der Wasserfontänen sorgt immer wieder für Erstaunen. Aus 52 Düsen sprudelt das Wasser zur Freude von Groß und Klein in den Trog.

Ulmer Wasserversorgung

Bereits im 14. Jahrhundert errichteten die Ulmer das erste Pump- und Brunnenwerk. Ein vom Blaukanal angetriebenes Wasserrad pumpte das Wasser in einen Hochbehälter, von wo aus es auf natürliche Weise zu den Brunnen hinabfloss. Die Nachfrage nach fließendem, gutem Wasser war groß, und so beschloss die Stadt, sieben Pumpwerke zu errichten, um alle Stadtteile zu versorgen.
Im 15. Jahrhundert sprudelten 23 Brunnen in der Stadt, die Sie teilweise heute noch bewundern können. Der älteste von ihnen ist der Fischkasten auf dem Marktplatz, in dem die Fischer ihre frische Ware bis zum Verkauf schwimmen ließen. Der schönste im ganzen Land ist aber unbestritten der Delphinbrunnen neben der Valentinskapelle. Er gilt als besonders gelungenes Meisterstück der Renaissancekunst.

Detail vom Delphinbrunnen

Rathaus

Nach der Abkühlung am Delphinbrunnen ziehen wir Richtung Süden durch die Kramgasse. Linker Hand sehen wir die Kunsthalle Weishaupt für moderne Kunst. Manche Ulmer hätten dort lieber eine Markthalle

Rathaus und Fischkasten

gesehen. Rechter Hand liegt das neue Geschäftsviertel Ulms Neue Mitte mit seinen geliebten und ungeliebten Betonbauten. Bemerkenswert ist das unterirdische Parkhaus, laut Medien eine der schönsten Parkgelegenheiten Deutschlands. Und vor uns liegt bereits ein Augenschmeichler erster Güte, das Ulmer Rathaus. Es zählt zu den prächtigsten seiner Art im Lande und ist älter als das ehrwürdige Münster. 1488/89 schrieb der Dominikanermönch Fabri: „Das Rathaus ist hervorragend und schön. Es hat einen auf allen Seiten vergoldeten Glockenturm." Ulm befand sich auf der Höhe seiner Macht und stellte seinen Reichtum selbstbewusst zur Schau. Heute begnügt sich die Stadt damit, ihr Rathaus eine Woche vor Schwörmontag mit Fahnen aus der glorreichen Vergangenheit und Wappentüchern der Patrizier- und Kaufmannsfamilien zu schmücken. Die Festbeflaggung erinnert an die alte Reichsstadtzeit, an die Größe und einstige Macht der Stadt Ulm. Das Festtagsgewand zieht jedes Jahr Zigtausende von Besuchern in die geschmückte Innenstadt.

Bei einem Rundgang um das Rathaus ist leicht zu erkennen, dass das Gebäude keiner bestimmten Epoche zuzuordnen ist, sondern dass es von Generation zu Generation erweitert, umgebaut oder verschönert wurde. Am auffälligsten ist natürlich die Fassade mit ihrer einmaligen Bemalung. Die von Martin Schaffner aufgebrachten Bildbögen zählen zu den großartigsten deutschen Freskenzyklen. Sie sollten den Betrachter zur Nachahmung ermuntern. Die Bilder und Reime auf der Ostfassade stehen unter dem Motto Göttliche Weisheit, Selbsterkenntnis, Gerechtigkeit, Geduld, Glaube, Liebe, Hoffnung und Neid. Die Nordfassade verbildlicht Themen der römischen Sagenwelt wie Gehorsam, Kühnheit, Ehrbarkeit und Gerechtigkeit.

1899 beschloss man die Renovierung der ziemlich ramponierten Außenfassade, auf der viele Originalzeichnungen schon fast verschwunden waren. Die Südfront wurde neu gestaltet. Sie zeigt uns die erfolglose Belagerung Ulms durch Karl IV. Im Giebel sehen wir eine Ulmer Schachtel. Sie wird umrahmt von Wappen der Städte und Regionen, mit denen Ulm Handel trieb. An der Westfront können wir über der 1903 erbauten Freitreppe die Wappen Ulmer Patrizierfamilien bewundern.

Die Baugeschichte des Rathauses ist so vielseitig wie das Gebäude selbst. An der Nordseite stand einst das 1357 erstmals erwähnte Gewandhaus. Später, 1362, ist es als Kaufhaus und Gerichtshaus bezeugt. Die damals angelegten Gefängniskeller sind bis heute erhalten und ragen in die Neue Straße hinein. Als 1370/71 das Kaufhaus im Ostflügel erweitert wurde, war noch nicht von einem Rathaus die Rede, sondern von einem „neuen Kaufhaus". In dessen acht Meter hohes Erdgeschoss zogen die Metzger ein, um dort Fleisch, Wurst, Innereien und Knochen zu verkaufen. Unter dem Nordflügel boten die Sattler ihre Waren an. Die Gasse westlich davon heißt heute noch Sattlergasse.

Und da die Ulmer ein baulustiges Völkchen sind, ging die Bauerei fröhlich weiter. 1540 wurde anstelle des abgebrochenen alten Gewandhauses der neue Nordflügel des Rathauses mit seinen Arkaden im Stil der Frührenaissance errichtet. Der Südost-Erker erhielt statt Zinnen eine welsche Haube. Die Fassaden des alten und neuen Bauteils wurden mit spätgotischen Details verbunden. 1395 wird erstmals eine kleine Ratsstube im zweiten Obergeschoss des Kaufhauses erwähnt. Bis zu dieser Zeit „verkuttelten" (berieten) die Patrizier die Probleme der Stadt meist in ihren herrschaftlichen Privathäusern. Da die Bürgerschaft immer selbstbewusster wurde und sie dem Rat 1345 den „großen Schwörbrief" und damit das Mitbestimmungsrecht abtrotzte, musste im Kaufhaus ein großer, repräsentativer Ratssaal eingerichtet werden. Langsam entwickelte sich das Gebäude zu einem Rathaus und 1419 wird es auch als solches erwähnt.

Jetzt kam erst recht Schwung in das Gebäude. In den Gesamtkomplex des Kauf-/Rathauses bezog man um 1480 ein älteres Fachwerkhaus der Familie Roth mit ein. Bei der Umgestaltung des Rathauses um 1900 wurde dieses Gebäude abgebrochen und durch einen Neubau ersetzt, der sich dem Rathaus besser anpasste. Es gab aber auch Stimmen, die das „altväterliche" Gemäuer lieber ganz abreißen wollten, um an anderer Stelle ein neues Rathaus zu errichten. Die Renovierung wurde gar als „Schwabenstreich" bezeichnet. Heute wäre es genau umgekehrt. Münsterbaumeister von Beyer meinte gar, es sei geradezu eine „Barbarei", dieses stil- und würdevolle Haus zu zerstören. Zum Schluss siegte, „Gott hab sie selig", dann doch die Vernunft.

An der Ostseite des Rathauses, unterhalb der herrlichen Uhr, sehen wir eine steinerne Kanzel. Sie wurde 1473 angebaut, 1607 erneuert, 1828 entfernt, um dann 1900 in alter Form wieder angebracht zu werden. Die Kanzel diente als Plattform für die Bekanntgabe von Gesetzen und Erlassen und zur Huldigung des neu gewählten Kaisers. Erwähnenswert sind auch die prächtigen Fensterfiguren von 1420. Sie entstanden beim Bau des Ratssaales und sollten auch nach außen hin demonstrieren: „Hier sitzt die Macht." Auf der Südseite sehen wir sechs der sieben Kurfürsten. Von links: Markgraf von Brandenburg, Herzog von Sachsen, Pfalzgraf bei Rhein, die Erzbischöfe von Köln, Trier und Mainz. Die genannten Figuren stammen aus der Werkstatt von Meister Hartmann.

Kanzel an der Ostseite des Rathauses

Ostseite mit Figuren von Hans Multscher

Die Giebel der Südseite

Albrecht Berblingers („Schneider von Ulm") Flugapparat als Nachbildung im Innenraum

Auf der Ostseite sehen wir Figuren von Hans Multscher wie den König von Ungarn, Karl den Großen und den König von Böhmen. Spätestens jetzt hört man die ersten Betrachter seufzen, denn wer soll sich das alles auf einmal merken?
Das Rathaus ist ein dickes Geschichtsbuch, das in seinen sechshundert Jahren vieles erlebt hat, manches verschweigt, und in dem nach wie vor die Zukunft der Stadt geplant und beschlossen wird. 1939 richtete die Stadt in den Gewölben des Erdgeschosses einen Ratskeller ein. 1944 wurde das Rathaus nach dem verheerenden Bombenangriff vom 17. Dezember in Schutt und Asche gelegt. Die soliden Außenmauern mitsamt dem Gewölbe im Erdgeschoß überstanden den Brand. Beim Wiederaufbau 1948/51 im spartanisch-schlichten Stil konnte die Außenfassade wiederhergestellt werden. 1980 sanierte man nochmals gründlich. 2005 wurde der Ratskeller generalsaniert, der heute ein beliebtes Ziel von Reisegruppen ist. Besonders im Sommer bietet der große Freisitz hinter dem Rathaus Gelegenheit, sich im Herzen von Ulm zu stärken. Im Inneren des Rathauses, im zweiten Obergeschoss, können Interessierte eine Nachbildung des Flugapparates bewundern, mit dem der „Schneider von Ulm" 1811 versuchte, die Donau zu überfliegen.
Und wer glaubt, wir seien am Ende unsere Geschichte angelangt, der irrt sich. Denn nun kommen wir zum „Highlight" des faszinierenden Gebäudes. Vergoldete Dächer wie in Innsbruck hat Ulm nicht mehr zu bieten, dafür aber eine weltbekannte Uhr, die mit Gold nicht aufzuwiegen ist. Dieses Wunderwerk der Technik ist eng mit der Geschichte des Rathauses verbunden. Die astronomische Uhr unter dem Giebel der Ostseite stammt aus dem Jahre 1520. Bei ihrer Herstellung legte man weniger Wert auf Präzision als auf das Beiwerk: Männer, die Kopf und Arme bewegen, krähende Hähne, flügelschlagende Adler und ähnlicher Klamauk unterhielt die Bevölkerung. Die Uhr und ihre Funktion auf die Schnelle zu erklären, ist fast unmöglich. Ein älteres schwäbisches Ehepaar meinte gar: „Des verschtoht jo koi Sau" – und damit waren sie nicht allein. Alle Betrachter finden die Uhr wunderschön, aber kaum jemand versteht das Gewirr von Zeigern und Ziffern.
So, wie Damen und Herren sich mit ihren vergoldeten und fein verzierten Armbanduhren schmücken, trägt das Rathaus seit fünfhundert Jahren seine legendäre Golduhr. Sie wurde in einem 1566/67 gereimten Lob-

gedicht als einmalig in ganz „Teutschland", in der Kölnischen Zeitung vom 17. Februar 1905 sogar als die komplizierteste und schönste der Erde gepriesen. Ulm konnte sich das leisten, zählte die Stadt zum Ende des Mittelalters doch zu den größten und reichsten in Deutschland. Wie groß die Bedeutung der Rathausuhr war, können wir uns heute nicht mehr vorstellen. Die ganze Stadt hatte sich nach ihr zu richten. Bei ihrem Schlag wurden zum Beispiel die Stadttore geöffnet und geschlossen. Die Glocke rief die Leute zur Arbeit und die Ratsherren zur Sitzung ins Rathaus.

Sie erinnern sich noch an die Geschichten der Nachtwächter, die stündlich die Zeit ansagen mussten? „Liebe Leute, lasst Euch sagen, unsere Uhr hat ... geschlagen" und so weiter. Diese Aufgabe übernahm in Ulm das neue technische Kunstwerk. Aber die Technik war noch nicht ausgereift, und es gab deswegen häufig Ärger. Der arme Stadtuhrmacher wurde wegen „seines Unfleißes" des Öfteren verwarnt. Doch dürfte ihn die geringste Schuld getroffen haben, denn die Uhr blieb auch nach seiner Amtszeit immer wieder stehen. So auch 1579, als sich der Rat der Stadt entschloss, „denen zu Straßburg umb den Uhrmacher, so ihr neu Werk in das Münster gemacht hat" zu schreiben. Der bedeutende Straßburger Meister Isaak Habrecht aus Schaffhausen war für seine astronomische Uhr am Straßburger Münster berühmt. Er überholte 1580/81 die Ulmer Uhr gründlich, sodass sie lange Zeit ohne Beanstandung lief.

Doch die Blütezeit der Reichsstadt ging zu Ende, und so beschloss der Rat 1752, die Uhr aus Kostengründen stillzulegen. Erst 1851 nahm man sie nach dem Einbau eines neuen Uhrwerks wieder in Betrieb. 1904 wurde die Uhr grundlegend renoviert. Der Turmuhrenfabrikant Philipp Hörz aus Ulm bekam den Auftrag, das Uhrwerk zu erneuern und das 3.2 Meter große Zifferblatt samt Zeigern zu renovieren. Nach dem Bombardement 1944 war wieder ein neues Uhrwerk fällig. 1978 wurde in der Rathauszentrale eine funkgesteuerte Atom-Quarzuhr eingebaut.

Sicher wird sich der eine oder andere fragen: Und wie funktioniert das Ganze? Wollen Sie es wirklich wissen? Nun gut, wir halten uns kurz und folgen einem einfachen Prinzip: Wir als Betrachter stellen uns in die Mitte des Zifferblatts und lassen uns von den Tierkreiszeichen und von Sonne und Mond umkreisen. Steht die Sonne oben, ist Mittag. Auf dem grünen Stundenring zeigt der große Zeiger die Tages- und Nachtzeit an.

Die astronomische Uhr

Durch den umlaufenden Tierkreis kann man den Stand der Sterne ermitteln. Im Schnittpunkt von Sonnenzeiger und Kalenderring erscheint das Datum. Die Kugel im Zentrum verweist auf die Mondphasen sowie auf Sonnen- und Mondfinsternis. Über unserem mittelalterlichen Schmuckstück sehen wir eine kleine Uhr mit Schlagglocke aus dem Jahr 1551. Oben, im spitzen Türmchen, ist die Ratsglocke untergebracht. Sie wissen was die Uhr geschlagen hat?
Sie dürfen Ihren Kopf jetzt in seine ursprüngliche Haltung zurücklegen und entspannen. Langsam bewegen wir uns zum Fischkasten, der in Sichtweite liegt.

Ulmer Museum

Öffnungszeiten: Dienstag bis Sonntag 11-17 Uhr
Freitags Eintritt frei, außer Sonderausstellungen
Telefon: 0731/161-4330
www.ulmer-museum.ulm.de

Schwerpunkte:

- *Archäologie – von der Eiszeit bis zum Mittelalter, Höhepunkt ist der Löwenmensch*
- *Moderne Kunst – Stiftung, Sammlung Kurt Fried*
- *Alte Kunst – Spätgotik, Barock, Goldschmiedekunst, Hauskapelle*
- *Hochschule für Gestaltung – Designgeschichte*
- *Stadtgeschichte – Handwerk und Zünfte, Kiechelhaus*
- *Kunst- und Wunderkammer Weikmann – unter anderem die weltweit ältesten datierbaren Schnitzwerke und Textilien aus Westafrika*

Zugang zur ***Kunsthalle Weißhaupt****: Über den Steg gelangen Sie direkt ins 2. Obergeschoss der Kunsthalle mit Werken der Moderne aus Europa und USA.*

Fischkasten

Das Wasser für die städtischen Brunnen wurde im 15. Jahrhundert mithilfe von Wasserkraft aus der Blau in Wassertürme gepumpt. Von dort wurde es in Ton- bzw. Holzröhren, später in Blei- und Bronzeröhren, zu den einzelnen Brunnen geleitet. Einige der alten Wasserspeier sind heute noch an markanten Stellen der Innenstadt zu bewundern. Die kunstvoll gestalteten Brunnensäulen erinnern an geschichtliche Überlieferungen; man stellte sogar spätgotische Figuren, die den Bildersturm im Münster überlebt hatten, auf die Säulen.

Fischkasten - erfrischendes Nass

Der von Jörg Syrlin d. Ä. geschaffene Fischkasten steht seit 1482 auf dem Marktplatz. An seiner dreikantigen Säule stehen drei gerüstete Ritter mit Wappenschilden des Reichs und der Stadt in der Hand. Astwerkstäbe winden sich bis zur Brunnenspitze – ein Meisterwerk spätgotischer Zierarchitektur. Im östlichen Teil des Platzes standen in Sichtweite der Pranger und der Galgen. Aber es gibt aus dieser makaberen Vergangenheit auch Nettes zu berichten. So stand in der Pfauengasse der Butzenbrunnen. Im schwäbischen Dialekt heißen kleine Kinder „Butzala". Damit war den Ulmer Kindern klar, woher die kleinen Kinder kommen: nämlich aus dem Butzenbrunnen.

Der Fischkasten war ganz den Fischern vorbehalten. Denn seit der genannten Zeit konnten sich die Ulmer auf dem neu angelegten Fischmarkt

ihre Fische direkt aus dem sprudelnden Wasser frisch auf den Tisch ziehen. Der Trog des Fischkastens diente als Frischhaltebecken, in dem die Fische in feinmaschigen Behältern auf Käufer warteten. In einem nahe gelegenen Keller lagerten die Fischer ihre Gerätschaften und Körbe ein. Zum Transport der Fische standen ihnen Holzfässer und spezielle, vom Küfer angefertigte Fischlagel oder Fischzuber mit Deckel zur Verfügung. In der Blau, an ihren Häusern im Fischerviertel, hatten sie Behälter angelegt, in denen sie ihre Fische zwischenlagern konnten.
Zur Blütezeit des Fischmarkts gab es Donaufische wie den Rotfisch, Huchen, Donauforellen, Waller, Äschen, bis zu 24 Pfund schwere Hechte, Schleien, Barben, Bretzing, Orfe, Barsche, Rotaugen und Weißfische. Weißfische waren wegen ihrer vielen Gräten nicht besonders beliebt. Sie wurden meist zu Fischbratwürsten verarbeitet oder dienten in der Fastenzeit als Füllung der Maultaschen. Viele der aufgeführten Fische sind heute aus der Donau verschwunden. Die Fischer waren gleichzeitig auch Fischhändler, und da die Nachfrage oft größer war als das Angebot, fuhren sie die Iller aufwärts, um in Oberschwaben Fische aufzukaufen. Der Bedarf war besonders vonseiten der Klöster hoch, denn Fische schmeckten den Mönchen nicht nur zur Fastenzeit. Bauern begannen, ihre Wiesen auszuheben, um Fischweiher anzulegen. Der Erlös der gezüchteten Forellen, Schleien und Karpfen überstieg bei Weitem den Ertrag aus der Landwirtschaft. Meist blieben dem armen Volk nur der grätige Weißfisch oder die erbeuteten Frösche übrig. Die Arbeit der Fischer am und im kalten Wasser und das Rudern gegen den Strom war ein hartes Brot. Über Kämpfe mit riesigen Huchen wurde abends in der Gaststätte „Forelle", dem Stammlokal der Fischer, hitzig debattiert.
Daneben gab es auch noch Krebse, die besonders in den Nebenflüssen gediehen. Aus ihnen fertigten die Küchengeister Leckereien wie Krebspasteten, Krebstorten, Dampfnudeln mit Krebsen, Krebssuppen oder eine Sulz. Heute ist der Fischkasten ein beliebter Treff für Groß und Klein, und die Fische kommen in Kühlwagen direkt vom Meer.
Auf die filigrane Säule des Brunnens haben es die Vandalen seit jeher abgesehen. Im 19. Jahrhundert war sie so verwittert, dass sie komplett saniert werden musste. Diese Aufgabe übernahm der spätere Münsterbaumeister Ferdinand Thrän. 1910 wurde die Säule abmontiert und ins Museum gebracht. 1925/26 musste die Kopie der Kopie erneut restau-

riert werden. 1989 stand wieder eine Sanierung an. Da sich der Marktplatz immer mehr zur Partymeile Ulms entwickelte, sorgten Störenfriede dafür, dass der Brunnen 1984 abermals repariert werden musste. Wie pflegte meine Großmutter uns Kindern immer zu sagen: „Das Berühren der Figuren mit den Pfoten ist verboten!"

Fischkasten und Rathaus

Metzgerturm - der Büttel bringt die Metzger in den Turm

Metzgerturm

Südlich vom Rathaus führt uns das stark abfallende Metzgerbergle zu einem der ältesten Bauwerke der Stadt, dem Metzgerturm. Das 1345 erbaute Ulmer Wahrzeichen erinnert uns an den schiefen Turm von Pisa, wobei sich sein Pendant „nur" 2,05 Meter nach Nordwesten neigt. Der Schiefstand des Bauwerks ist auf sein schlechtes Fundament zurückzuführen. So sitzt ein Teil des Turms auf den Resten der staufischen Stadtmauer von 1165. Der Untergrund des anderen Teils war nicht auf die Last vorbereitet, deshalb senkte er sich. 1911 wurde der Turm durch Betonfundamente verstärkt.
Einer Sage nach entsprachen die Würste der Ulmer Metzger nicht ganz der Vorstellung der Bürger. Die Metzger befürchteten daraufhin: „Wenn des rauskommt, was mir do nei dent (zuviel Donauwasser?), send mr schneller dren, als mr wieder rauskommet." Und dort sind sie schließlich auch gelandet: im Turm nahe ihrem Schlachthaus. Der Bürgermeister sprach ihnen bei einem Besuch im Turm ernsthaft ins Gewissen, ja bedrohte sie sogar mit der Todesstrafe. Die Metzger waren daraufhin so erschrocken, dass sie sich alle verängstigt in einer Ecke zu Boden warfen. Diese einseitige Gewichtsverlagerung soll den Metzgerturm in seine noch heute sichtbare schiefe Lage versetzt haben und den Ulmer Metzgern eine ewige Warnung sein. Aber diese haben sie heute wahrlich nicht nötig, denn selten finden wir solch eine Vielzahl von Würsten bester Qualität wie in Ulm.
Der Metzgerturm ist mit dem Zundeltor und dem Gänsturm einer der letzten steinernen Wächter der alten Reichsstadt Ulm. Bis 1912 war im Metzgerviertel das Ulmer Schlachthaus untergebracht. Rechts vom Turm führen alte verwinkelte Gassen in die Altstadt – genannt: „Unter der Metzig". Sehenswert sind die restaurierten, früher von Metzgern bewohnten Fachwerkgebäude. Nachdem die neue Stadtmauer die Metzig (Schlachthaus) 1480 von der Donau abgeschnitten hatte, baute man von der Blau aus einen Kanal, um die Metzger mit ausreichend Wasser zu versorgen. Die Vertiefung der „Metzgerblau" ist von der Stadtmauer aus heute noch gut zu erkennen.
Die Metzger waren angesehene und mutige Leute. So lesen wir, dass Ulmer Metzger 1786 an die dreihundert Mastochsen aus Ungarn an der Donau entlang nach Ulm getrieben haben. Die riesigen Gehörne der ungarischen Ochsen hängten sie stolz in ihren Geschäften auf. Ihren Mut bewiesen die Ulmer Metzger auch als städtische Postreiter.

Das Fleisch der Alblämmer wurde in Ulm besonders geschätzt. Um die 4000 Stück verzehrten die Einwohner pro Jahr. Aus den Gedärmen stellte man Saiten her, und die Klauen waren bei den Leimsiedern gefragt. Die Wolle wurde verwoben und zu warmer Kleidung verarbeitet.
Beim Metzgerturm traf sich Arm und Reich. An die Allerärmsten wurde in Notzeiten zum Kochen gratis Rinderblut abgegeben.

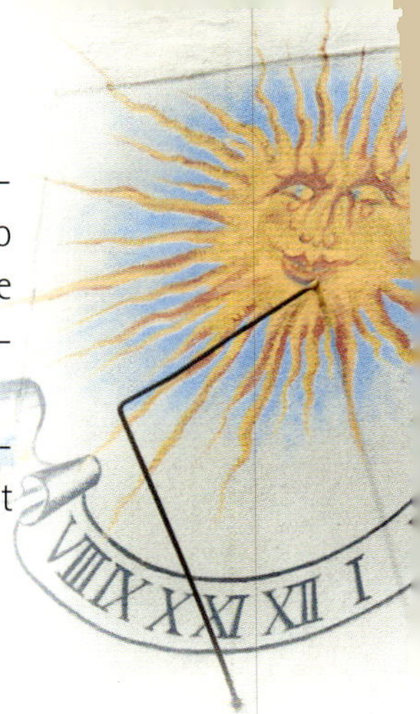

Stadtmauer

Nachdem wir das Tor beim Metzgerturm durchquert haben, biegen wir sofort links ab und steigen die Stufen zur Stadtmauer empor. Auf der ehemaligen Schutz- und Trutzmauer betreten Sie eine sechshundert Meter lange Promenade, von wo aus Sie einen herrlichen Blick auf die Donau und die Altstadt Ulms haben. Zwischen der Häuserfront und der Mauer kann man stellenweise noch Reste des Verteidigungsgrabens mit seinen verwunschenen Gärten bewundern.
Um 1480 wurden die Befestigungsanlagen nach Süden „mitten in die reißenden Fluten der Donau" (laut Fabri) gebaut. Die Stadtmauer überstand Überschwemmungen, Kriege und die Schleifung der Festung 1800 durch Napoleon, bei der nur der obere Wehrgang abgebaut wurde. Den Rest ließ man zum Schutz vor Hochwasser stehen. Der achteckige Mauervorsprung der Promenade ist der klägliche Rest des ehemals 38 Meter hohen „dicken Turms". Hier können Sie auf den Sitzbänken eine kleine Pause einlegen. Nicht weit von der Aussichtsplattform fließt die Blau in die Donau.
Das „Donauwiesle" war für die Hausfrauen der angrenzenden Altstadt lange Zeit ein beliebter Platz zum Wäschetrocknen . War die Wiese mit Leinen belegt, das man dort zum Bleichen ausgebreitet hatte, diente die Stadtmauer als Wäschetrockner. Ein Fotograf war von diesem Motiv so angetan, dass er davon Postkarten anfertigen ließ, die lange Zeit in die weite Welt hinaus flatterten.
Wer vom Logenplatz der Stadtmauer auf die Donau blickt, hat im ersten Moment den Eindruck, ein stehendes Gewässer vor sich zu haben. Die Donau ist schon lange nicht mehr die Schlagader der Wirtschaft und dümpelt heute langsam von einem Kraftwerk zum nächsten.
Die Gassenknechte (Polizei) hatten früher viel zu tun. „Das Juchzen und

Juhschreien sowie Singen und Plärren bei Nacht" zog Haft und Bestrafung nach sich. Die Polizeistunde war 1721 auf 21 Uhr festgelegt. Wirte, die sie überschritten, hatten als Strafe Ziegelsteine zum Bau der Stadtmauer zu liefern. Die Anzahl der Steine wurde entsprechend dem Ausmaß der Straftat berechnet.

Wir lassen uns aber nicht die gute Laune verderben und beenden unsere Pause, um weiter Richtung Fischerviertel, Ulms Klein-Venedig, zu schlendern. Wer Lust und Laune hat, zieht in die andere Richtung gen Osten, überquert die Herdbrücke, biegt rechts ab und wandert ein Stück auf Neu-Ulmer Seite donauaufwärts, um von dort Ulms Schokoladenseite zu fotografieren. Denn Spötter behaupten: „Das Schönste in Neu-Ulm ist der Blick auf Ulm."

s' Bäuerle und der Krettaweber auf der Stadtmauer

Blick auf Ulm vom Neu-Ulmer Donauufer

Donau

„Ulm an der Donau" hieß es früher im Amtsdeutsch. Was wäre die ehemalige Reichsstadt ohne ihr Münster und die Donau? Ulm ist seit altersher die erste Perle an diesem 2888 Kilometer langen Fluss. Vom Schwarzwald bis zum Schwarzen Meer begrüßt er von seinem mächtigen Bett aus Städte wie Ingolstadt, Regensburg, Passau, Wien, Budapest, Belgrad und viele mehr. Die Donau ist ein fließendes Kulturdenkmal, das Vergangenheit, Gegenwart und Zukunft vereint. Sie gehört niemandem. Man kann sie wohl regulieren, kanalisieren oder verschmutzen – aber nicht stoppen. Mit ihren Urkräften bahnt sie sich seit Tausenden von Jahren ihren Weg, nimmt neue Gewässer

auf, schwillt zu einem mächtigen Strom an, um sich schließlich mit dem Meer zu vereinen. In ihr spiegelt sich die Geschichte Ost- und Westeuropas. Obwohl ihr Wasser keine Grenzen kennt, war die Donau schon zur Römerzeit ein Grenzfluss. Sie war das Bindeglied des Habsburgischen Reichs. In Ulm wurde sie 1810 leider zum Grenzfluss degradiert, als das Ulmer Reichsstadtgebiet auf der rechten Donauseite Bayern zugeschlagen wurde. Ulm, von seinem fruchtbaren Hinterland, den ertragreichen Obst- und Gemüsegärten abgeschnitten, schaute ohnmächtig und zornig dem politischen Treiben der Großen zu. Aber in der Zwischenzeit ist viel Wasser die Donau hinuntergeflossen, und heute feiern die beiden Städte alle zwei Jahre gemeinsam das internationale Donaufest.

Die Donau entspringt im Schlosspark von Donaueschingen. Wahrscheinlich befindet sich dort nur eine von vielen Quellen, noch dazu eine mit recht magerer Schüttung. Dass die Donau gar keine Quelle besitzt, sondern nur einen Entstehungsort, ist eine andere Geschichte. Denn ein alter Vers besagt: „Brigach und Breg bringen die Donau zu weg." Die junge Donau ist ein verwirrendes Spiel der Elemente. Denn auf einmal verschwindet das kümmerliche Bächlein zwischen Immendingen und Fridingen im karstigen Untergrund, um dann später unvermutet wiederaufzutauchen. Trotz zahlreicher Zuflüsse von der Schwäbischen Alb und Oberschwaben bleibt die Donau bis Ulm ein eher bescheidenes Gewässer ohne Bedeutung. Hier vereinigt sie sich mit der wasserreichen Iller, die, von den Alpen gespeist, in Ulm kraftvoll in die Donau mündet. Warum der Fluss weiterhin Donau und nicht Iller heißt, denn diese bringt mehr Wasser in die gemeinsame Ehe ein, ist nicht geklärt. Dieselbe Frage stellt sich beim Zusammenfluss von Donau und Inn bei Passau. Das Lied von der „schönen blauen Donau" gehört ins Reich der Fabeln. Denn trotz Zufluss der klaren Gewässer von Iller und Blau zieht es die Majestät der Flüsse vor, weiterhin ganz in Graubraun ihre Bahnen zu ziehen.
Die junge Donau feiert in Ulm Vermählung und wird erwachsen. Denn nun führt sie genügend Wasser, um Ruderboote und Lastkähne zu tragen. Von hier ab war die Donau ein begehrter Partner der Schiffsleute. Am 17. Mai 1570 erhielt Hans Koler vom Ulmer Rat die Genehmigung zu „Irer neuvorhabenden Schiffart uff der Thonaw" das Holz zweier Flöße zu kaufen, um Schiffe zu bauen. Aus einem Floß konnten zwei Schiffe auf Kiel gelegt werden. Ein Schiff konnte das Mehrfache eines Floßes laden und war somit ein profitables Geschäft. Gebaut wurden die Schiffe auf den Schopperplätzen am rechtsseitigen Donauufer, heute Bayern zugehörig,. Die Berufsbezeichnung „Schopper" wird auf das Abdichten der Schiffe zurückgeführt. Eine besonders langfaserige Moosart wurde mit dem Schopperkeil in die Außenfugen der Schiffe geschoppt. Die Schopper und Schiffsleute gingen aus der Zunft der Fischer hervor. Zur Gemeinschaft der Schiffergilde gehörten starke, wetterharte und zuverlässige Mannsbilder. Der Schiffsmeister musste mindestens dreißig Jahre alt, verheiratet und von gutem Leumund sein, bevor er ein Schiff nach Wien steuern durfte. In Ulm sprach man von den Räsen, also raue, wettergegerbte Burschen, die keinem Händel aus dem Weg gingen. „Räse" nennen sich die Nachfahren dieser mutigen Fahrensleute noch heute.

Eine Donaufahrt war zu jener Zeit immer ein Risiko. So war wegen der im Strom verankerten Schiffsmühlen große Vorsicht geboten. Flusspiraten lauerten versteckt im Schilf und in den Nebenarmen auf fette Beute. Badende Rinderherden und Schwemmgut machten die Fahrt zu einem echten Abenteuer. Auch ihre leichte Bauweise gefährdete die Schiffe und ließ sie bei Karambolagen auseinanderbrechen.

Seit dem 16. Jahrhundert bauten die Ulmer, unter Anleitung erfahrener österreichischer Schiffsbauer, ihre Schiffe selbst. Das Geschäft lohnte sich, denn jährlich fuhren bis zu fünfhundert Schiffe Richtung Wien. Der Passagierverkehr spielte dabei eine untergeordnete Rolle. Allerdings wurde mit dem Transport ganzer Heere, wie im Türkenkrieg, gut verdient. Ulm wurde zum Tor der östlichen und südlichen Welt. Vom regen Schiffsbau profitierten auch die Illerflößer, die Ulm jährlich mit über tausend Flößen ansteuerten. Hier mussten sie ihre Hölzer zwei Tage lang den Ulmern anbieten, erst dann durften sie Richtung Wien weiterflößen. 1869 landeten in Ulm 3192 Flöße. 1918 kamen die zwei letzten zum Verkauf. Die Eisenbahn hatte die Arbeit der Flößer übernommen.

Ulmer Zillen

Die ulmische Donauschifffahrt hatte sich im 16. Jahrhundert aus der Handelsflößerei entwickelt. Die Ulmer bauten Zillen mit flachen Böden und einem hausartigen Aufbau für den Passagierverkehr. In regelmäßigen Abständen gingen Kursschiffe, Ordinari genannt, auf große Fahrt. Die Bezeichnung „Ulmer Schachtel" ist noch relativ jungen Ursprungs und war anfänglich ein Schimpfwort. Landtagsabgeordnete aus Stuttgart, die neidvoll nach Ulm blickten und den Ulmern eins auswischen wollten, hatten es 1830 geprägt. Die Wiener Zille, der korrekte Ausdruck für diese Flussschiffe, kennt heute jeder unter dem Namen Ulmer Schachtel. Sie ist mittlerweile ein Ulmer Wahrzeichen und Werbeträger der Stadt. Da die Schleppkosten für die Rückfahrt dieser Holzboote früher höher waren als ein Neubau, verkaufte die Besatzung ihre Schiffe in Wien als Bauholz. Im November wurde die Schifffahrt eingestellt. Ein alter Spruch besagt: *„Katharein, stellt d' Schiffahrt ein."*

Die Winter jener Zeit hatten es noch in sich. So wird berichtet, dass 1784 die Donau für mehrere Wochen zugefroren war und die Kinder ihre große Freude hatten.
Die Ulmer Schachteln transportierten Waren aller Art wie Lederwaren, Leinwand und der besonders geschätzte Barchent, ein Mischgewebe aus Leinen und Baumwolle. Außerdem natürlich Wein aus ganz Europa und Lebensmittel wie Öl, getrocknete Birnenschnitz, Erbsen und Linsen. Des Weiteren Farbstoffe, Tabak, Asphalt und Maschinen für Odessa. Eine spektakuläre Fahrt fand im Oktober 1745 statt. Das Kaiserpaar Franz I. und Maria Theresia samt Gefolgschaft befand sich auf der Rückreise von den Krönungsfeierlichkeiten in Frankfurt und brach mit 34 Schiffen von Ulm nach Wien auf. Da die hochherrschaftlichen Gäste nicht auf ihren gewohnten Luxus verzichten wollten, waren ihre Gemächer auf dem Schiff mit Samt ausgeschlagen. Bei der Abfahrt erklang eine dreifache Salve aus hundert Kanonen, und alle Glocken der Stadt läuteten. Eine Fracht, die sich immer wieder lohnte, waren Deckelschnecken. Sie wurden in Fässern zu 10 000 Stück verpackt und als Fastenspeise jedes Jahr Richtung Wien verschifft.
1897 wurde der Warentransport auf der Donau eingestellt und es begann die Zeit der touristischen Schachtel-Fahrten. Der im Juni 1846 eingeleiteten Donaudampfschifffahrt mit einem in England gefertigten Dampfschiff war kein Glück beschieden. Die obere Donau, noch zu wenig reguliert, führte zu wenig Wasser, und das Schiff war in der ersten Euphorie zu groß geraten. Später wurde Regensburg sein Heimathafen, von wo es Waren nach Wien transportierte.

Bronzetafeln an der Stadtmauer

An der Außenseite der Stadtmauer können die Besucher die Bronzetafeln der einzelnen Auswanderergruppen der Donauschwaben bewundern. In den großen Schwabenzügen 1723/26, 1763/73 und 1782 zogen Tausende von Kolonisten, getrieben von Armut und Hunger, ostwärts Richtung Siebenbürgen, Banat, Zips, Vojvodina und weiter bis nach Russland. Aber nicht alle gingen freiwillig, und so wurde „Lieber in

Nabada 2010

die schwäbische Türkei als auf die Galeere" zu einem geflügelten Wort. Wir aber bleiben noch etwas in Ulmer Gefilden und genießen das traditionelle Ulmer Fest des Nabada auf der Donau. Es ist die Hauptattraktion des sonst recht verschlafen wirkenden Flusses. Nach der Schwörfeier auf dem Weinhof um 11 Uhr zieht ganz Ulm am Nachmittag an die Donau. Es ist ein Wasserfestival, bei dem halb Ulm im Wasser schwimmt und der Rest der Bevölkerung die Donauufer besetzt, um die Aktivsten anzufeuern oder zu verspotten. Als Retourkutsche kommt es zum Ärger der Zuschauer nicht selten zu Wasserschlachten. Begonnen hat die Wassergaudi 1822, als sich Gymnasiasten anlässlich der Zweihundert-Jahr-Feier ihrer Schule flussabwärts bis in die Friedrichsau treiben ließen. Heute wird der Wasserfestzug von drei Ulmer Schachteln, besetzt mit Ulmer Prominenz, angeführt. Der Höhepunkt ist das Fischerstechen, ein lustiges Turnier mit Holzspeeren, bei dem es gilt, den jeweils anderen Teilnehmer ins Wasser zu stoßen (alle vier Jahre).

Im 19. Jahrhundert wurde die Donau begradigt und in ein kanalartiges Bett gezwängt. Der Bau einer Reihe von Kraftwerken degradierte den einst stolzen Fluss zum Energielieferanten. Im Atomkraftwerk Gundremmingen wird das Donauwasser als Kühlwasser genutzt. Im Zuge des Umweltschutzes hat die Donau als Trinkwasserlieferant und Abnehmer der Abwässer von zehn Gemeinden für neue Prioritäten in der Politik gesorgt. So wird das Ulmer Klärwerk im Steinhäule für vierzig Millionen Euro mit einer der modernsten Aktivkohlefilteranlagen ausgestattet. Die Stadt Ulm hat längst erkannt, welch aktives Kapital vor ihrer Haustür vorbeifließt, und man beginnt, pfleglich mit der Donau umzugehen. An der einst stattlichen Wasserstraße führen die Ulmer heute ihre Hunde Gassi, promenieren hinab in die Friedrichsau, und junge Leute treffen sich zum Rendezvous. Auf dem Wasser tummeln sich Enten und Schwäne, und ab und zu taucht ein Rennboot der Ulmer Ruderer auf. Die Donau, die zwei Städte trennt und vereint, ist ein friedlicher Ort, an dem sich stressgeplagte Bürger in ihrer Freizeit erholen können. Die Donau war schon immer ein geduldiger und guter Freund der Anrainer. Nehmen wir ihre ausgestreckten Hände und ziehen mit ihr in eine friedliche und hoffnungsvolle Zukunft.

Leb wohl du liebe Ulmer Brücken.
Die Donau trägt uns auf dem Rücken
Und zeigt uns vieler Länder Pracht.
Wo man die Ulmer kennt und acht!

Ulm und Neu-Ulm – die zwei ungleichen Schwestern

Napoleons folgenschwerer Federstrich von 1810 trennte Bayern und Württemberg und traf Ulm mitten ins Herz, denn es verlor fast die Hälfte seiner Gemarkung. Doch wie ist es dazu gekommen? Wenige Monate nach dem Frieden von Luneville schloss Bayern am 24. August 1801 in Paris einen Friedens- und Freundschaftsvertrag mit Frankreich. Am 24. Mai 1802 folgte eine Vereinbarung über territoriale Entschädigungen für verlorene linksrheinische Besitzungen und die 1803 an Baden abzutretende rechtsrheinische Pfalz. Zu den Tauschobjekten gehörte auch die Reichsstadt Ulm mit ihrem gesamten Territorium. Auf Veranlassung des Schirmherrn der Rheinbundstaaten, Kaiser Napoleon I., kam es zu einem umfangreichen Ringtausch zwischen Bayern, Württemberg, Baden und Hessen. Bayern zog sich mehr oder weniger freiwillig über Iller und Donau zurück. Es wird andererts reichlich entschädigt. Württemberg erhielt durch den Staatsvertrag alle von Bayern seit 1803 erworbenen Gebiete. Am 18. Mai 1810 schlossen Bayern und Württemberg in Compiégne einen Staatsvertrag, der die Grenzen der beiden Staaten neu regelte. Der große Gewinner dieser Pokerrunde war der König von Württemberg, der sein Königreich verdoppeln konnte. Die Grenze verlief bei Lautrach am linken Ufer der Iller entlang bis zu ihrer Einmündung in die Donau. Alles, was auf der linken Uferseite lag, wurde Württemberg zugeschlagen, also Ulm und sein nördliches und westliches Hinterland. Die Ländereien auf der rechten Uferseite verblieben bei Bayern. Die Mitte der Donau bildete fortan die Grenze. Die neue Grenzziehung zerschnitt das Territorium der alten Reichsstadt Ulm und reduzierte es von 4600 Hektar auf 2248 Hektar. Dieser Kuhhandel der beiden Königshäuser über die Köpfe der Ulmer Bürger hinweg vergiftete lange Zeit das politische Klima, was bis heute zu spüren ist.

Blick vom Münster Richtung Süden über Ulm nach Neu-Ulm

Napoleon hatte nicht etwa zwei Städte getrennt – auf der rechten Donauseite standen gerade mal vier Wohnhäuser und es lebten nur 64 Menschen auf der anderen Seite des Flusses –, sondern ein seit dem 12. Jahrhundert historisch gewachsenes Gebiet mit einer engen Bindung zu Ulm. Es begann ein Krieg der kleinen Nadelstiche, an dem sich beide Seiten beteiligten. Die bayerischen Katholiken standen den württembergischen Protestanten unversöhnlich gegenüber. Viele Einwohner des neuen Ulms waren ehemalige Ulmer, die sich im „Feindesland" niedergelassen hatten. Es war unter den Ulmer Patrioten lange Zeit verpönt, nach Bayern „überzulaufen". 1876 verbot der Stadtrat von Neu-Ulm ehemaligen Ulmern, sich auf einem Ulmer Friedhof beerdigen zu lassen. Es wurde Treue bis zum Tod und darüber hinaus gefordert.

Die neue Grenze entpuppte sich als fortwährendes Ärgernis. Das Hauptproblem waren die Mauten, die Bayern und Württemberg gleichsam kassierten. Für die Neu-Bayern, also die Dörfer jenseits der Grenze, war es fast unmöglich, ihre Erzeugnisse in Ulm abzusetzen. Schlimmen Schikanen waren die Bürger ausgesetzt, die auf der bayerischen Seite ihre Güter hatten, aber in Ulm wohnten. Jeder Korb und jeder Mistwagen wurde genauestens untersucht. Die Grenzsoldaten stachen mit ihrem Bajonett in die Heuwägen, um so unerwünschte Grenzgänger aufzuspüren. Im Ulmer Intelligenzblatt vom März 1811 werden die Ulmer aufgefordert, durch Abnehmen der Kopfbedeckung die „Grenzer" zu grüßen. Geradezu schikanös gestaltete sich die Passkontrolle auf der Donaubrücke. Die Bürger mussten einen Auslassschein kaufen, um dann gebückt unter dem Schlagbaum hindurchzukriechen. Zum Glück beseitigte der Süddeutsche Zollverein 1834 diese unhaltbaren Zustände.

Herdbrücke

Die erste Annäherung der beiden Städte war der gemeinsame Bau der Herdbrücke 1832. Der Brückenschlag zur Gänstorbrücke folgte 1899. Ein Faustpfand der Ulmer, das immer wieder böses Blut erzeugte, war der Besitz von 510 Hektar Land auf Neu-Ulmer Gemarkung. Im Jahr 1919 dachten die beiden Stadtoberhäupter jener Zeit über eine Vereinigung der zwei Donaustädte nach. Beide litten unter den wirtschaftlichen Widrigkeiten der Grenzziehung. Sie versprachen sich enorme Einsparungen von einer Zentralisierung der Gemeindeverwaltung, der Schulen, der Polizei und des Wohnungsbaus. Doch München zeigte den Württembergern die kalte Schulter . „Keinen Meter geben wir an die Württemberger ab" – so die Antwort eines Politikers. Also wurde weitergewurschtelt wie gehabt, und das nur, weil einige Betonköpfe sich um ihre Pfründe sorgten. Und so haben wir bis heute zwei Oberbürgermeister, zwei Feuerwehrhauptleute – zum Glück funktioniert die Zusammenarbeit in dieser Sparte reibungslos –, zwei Finanzämter, zwei Gerichte und natürlich zwei Polizeibehörden. Nach dem Krieg 1945 war

allgemein bekannt, dass die Ulmer Polizei an der Herdbrücke umkehren musste, da sie Straftäter nach Bayern nicht verfolgen durfte. „Oh Herr, schmeiß Hira ra" mag da mancher Zeitgenosse gedacht haben.
So leisteten sich die zwei Städte einen ruinösen Konkurrenzkampf, um Neu- und Umsiedlungen von Industrie und Handel zu gewinnen. Aber heute ziehen beide Städte an einem Strang, 2000 gründeten sie einen gemeinsamen Stadtentwicklungsverband. Trotz aller Querelen versuchen gesprächsbereite und vernünftige Politiker die Wogen zu glätten und gemeinsam Lösungen für die Doppelstadt zu finden.
Eine Kuriosität besonderer Art, wahrscheinlich einmalig in ganz Deutschland, ist die Situation im nördlich von Ulm gelegenen Rasthaus Seligweiler. Dort verläuft die Staatsgrenze mitten durch das Restaurant. In der „Grenzstube" stehen vier Tische in Bayern und drei in Württemberg – oder war es jetzt umgekehrt? Auf jeden Fall werden die Steuern genau nach dem jeweiligen Anteil des Grund und Bodens berechnet und an die Finanzämter Ulm und Neu-Ulm abgeführt. Für Unfälle im Haus ist die bayerische Polizei zuständig und für das, was auf der Autobahn A 8 passiert, die württembergische. Sie verstehen jetzt, welches Problem uns Bürger hüben und drüben plagt?

Grenzgeschichte

Bis vor wenigen Jahren gab es auf der Herdbrücke noch einen weiß-blauen Pfahl mit Wappen und Schild, der Baden-Württemberg und Bayern deutlich voneinander trennen sollte. Auf ihm stand geschrieben: „Hier beginnt der Bayerische Landkreis Neu-Ulm". Dieser Grenzpfahl war zwar auffällig, hat sich jedoch nicht „bewährt": Er wurde immer wieder in Nacht-und-Nebel-Aktionen gestohlen, sodass sein Initiator, der damalige Landrat von Neu-Ulm, aufgab und auf diese Art der Grenzziehung verzichtete. Bis heute wird allerdings gerätselt, wer diesen Grenzpunkt immer wieder heimlich entfernte: Waren es Ulmer? Waren es Neu-Ulmer? – Oder war es sogar eine konzertierte bayerisch/baden-württembergische Aktion für ein grenzfreies Ulm/Neu-Ulm nach dem Motto „Wir sind das Volk!"? Das Geheimnis dieser Grenzsabotage bleibt weiterhin im Dunkeln.

Fischerviertel

Wir flanieren gemütlich auf einer der schönsten Panoramawege Süddeutschlands Richtung Westen und werfen einen Blick auf die prachtvolle mittelalterliche Häuserfront, die Ulm gen Süden abschließt. Wir genießen den Blick auf die Donau, die leise murmelnd Richtung Osten zieht, und auf die grüne Kastanienallee auf Neu-Ulmer Seite. Am Fischerplätzle verlassen

wir die Stadtmauer und steigen ein paar Stufen hinab zu Ulms schönstem Platz und guter Stube. Er ist nicht nur ein Augenschmaus für Reisende, sondern auch ein beliebter Platz für Feste aller Art. Es ist ein Ort der Einkehr, der Freude, des Gesangs und der Musik. Und jeder Ulmer erinnert sich gerne an die feuchtfröhlichen Nächte während der Schwörwoche. Die historisch gewachsene Substanz von Stadtmauer, Zunfthaus und Schönem Haus lockt jedes Jahr Tausende Besucher in diesen romantischen Winkel. Kaum ein Gast lässt sich diesen idyllischen Rundgang durch die engen Gassen mit seinen Fachwerkhäusern, kleinen bucklige Brücken und gemütlichen Gaststätten entlang der Blau entgehen.

Ein markanter Bau ist das etwa 1490 erstellte Zunfthaus. Das alte Fischerhaus erfuhr 1977 eine Generalsanierung. Im Erdgeschoss befand sich früher eine fast fünf Meter hohe Ständerhalle. Hier wurden Fische verarbeitet, Schiffe gebaut und im Winter eingelagert. Der rückwärtige Teil des Zunfthauses ruht, umspült von der Blau, auf Stützen. Hier lagen einst die Fischkästen mit den lebenden Fischen für den Markt. Auch eine Zille (Kahn) fand hier ihren Platz. Im Erdgeschoss befindet sich heute eine urige, gut besuchte Gaststätte, die von Hans Mahlknecht, dem Wirt der ersten Stunde, liebevoll mit Ulmensien dekoriert wurde. 1977 wurde die Bezeichnung „Zunfthaus der Schiffsleute" geprägt. Der Ulmer Schifferverein hat im Obergeschoss einen Versammlungs- und Lagerraum. Hier werden die Requisiten für das Fischerstechen gelagert, das alle vier Jahre stattfindet.

Gegenüber vom Zunfthaus liegt das Schöne Haus des Schiffsmeisters Scheiffele, der 1717, zur Zeit der Türkenkriege, mit seiner Zille die Donau hinab bis nach Belgrad fuhr. Eine eindrucksvolle Hausbemalung erinnert an das mutige Unternehmen. Bei meinem letzten Besuch konnte man vor dem Haus eine außer Dienst gestellte Zille bewundern. Am östlichen Fischerplätzle lag hinter der Backsteinmauer, die man zur Reichsstadtzeit errichtet hatte, ein hafenartiges Bassin, „Gumpen" genannt. Es besaß mehrere Stadtmauerbögen, die den Booten einen direkten Zugang zur Donau ermöglichten und die mit Fallgittern verschließbar waren. Bis 1843 stand an der Stadtmauer, nahe dem jetzigen Ausgang, ein spätgotischer, mit vier Erkern und Giebeln verzierter Einlassturm. Die Neuzeit hat ihn verschlungen.

Fischerplätzle mit dem „Zunfthaus der Schiffsleute"

Blick auf die Häuslesbrücke

Wir verlassen den Ort, wo die Seele der Stadt ihr Zuhause hat, und lassen das Zunfthaus links liegen. Ein schmales Gässchen führt uns zur Blau und einer schmalen Eisenbrücke. Hier sollten Sie kurz anhalten, um das einmalige Panorama der Häuslesbogenbrücke mit der alten Weide und dem renovierten Fischerhäusle auf der Insel zu fotografieren. Sicher eines der beliebtesten Fotomotive in diesem alten Handwerkerviertel.
Auch wenn es schwer fällt, müssen wir uns von diesem Herrgottswinkel trennen. Wir schlängeln uns weiter durchs romantische Quartier der engen Gassen und stehen plötzlich wieder vor der Blau und einem Unikum von Gebäude, dem Schiefen Haus. „Hebat mi au, sonscht falle om" scheint es zu sagen – so schief hängt es in der Blau. Das alte Fischer- und Gerberhaus von 1444 geriet schon im 17. Jahrhundert aus den Fugen, da es langsam aber sicher in der Blau versank. Bei einem Umbau belasteten die Bewohner die Südseite noch mehr, indem sie tragendes Gebälk entfernten und versuchten, die Böden zu begradigen. Es ist ein Wunder, dass das Haus nicht schon vor seiner Sanierung 1994/95 ganz in die Knie gegangen ist. Heute beherbergt das mit viel Liebe eingerichtete Haus ein Hotel für Romantiker. Das „schiefe Haus" steht im Guinness-Buch

der Rekorde als schrägstes Hotel der Welt. Gleich gegenüber liegt die Ulmer Münz, ein Renaissancegebäude, in dem sich 1620-40, während des Dreißigjährigen Krieges, die städtische Münzstätte befand. Im Jahre 1987/88 wurde es komplett saniert und beherbergt heute ein kleines, gut geführtes Café-Restaurant mit einer Riesenauswahl an Kuchen. Im Sommer können Sie an diesem lauschigen Platz direkt an der Blau Ihre Seele baumeln lassen und sich einen Kaffee gönnen.

Schiefes Haus und „Ulmer Münz"

Wie pflegen die Bayern zu sagen: „Net aussi lassen" – was soviel bedeutet wie „Keine Müdigkeit vortäuschen". Auch wir ziehen weiter, und zwar über das kleine Blaubrückle. Wir halten uns links, gehen nach fünfzig Metern nochmals links und stehen auf

Gasthaus „Zur Forelle"

der historischen Häuslesbrücke mit der herrlichen Weide, die Sie schon aus anderem Blickwinkel bewundert haben. Ihren Namen erhielt sie vom benachbarten Häusle, gemeint ist wohl das älteste Gasthaus von Ulm, die „Forelle". Bereits 1626 hatte Jakob Schwenk, Wirt unter den Fischern, vom Rat die Erlaubnis erhalten, dort Leute zu bewirten. Der Name weist darauf hin, dass hier der Ulmer „Wasseradel", die Fischer, verkehrte. In diesem Haus ist alles schief und verwinkelt – ein Relikt aus der Vergangenheit. Und Vorsicht! Beim Betreten des urgemütlichen Lokals unbedingt den Kopf einziehen. Sie wären nicht der Erste, der mit einer Beule am Kopf, das „alte G omp" verfluchend, hier eintritt. Die „Forelle" ist

wie ein Museum, ein Hort altulmischer Behaglichkeit. Es lohnt sich, den Spruch „Laßt Schiffsleut euch so wohl hier sein, wie die Forell im Wässerlein" zu überprüfen.
Das Fischerviertel ist voller Sehenswürdigkeiten alter Baukunst, ein richtiges Schatzkästchen eben. Bis in die heutige Zeit hat es seinen mittelalterlichen Charakter und den idyllischen kleinstädtischen Charme bewahrt. Gegenüber der „Forelle" steht das „Haus zur Weinrebe", ein prächtiger Fachwerkbau aus dem 15.-16. Jahrhundert. Er beherbergte viele Generationen lang die Familie Kässbohrer, die mit ihren Omnibussen Ulmer Geschichte geschrieben hat. Heute ist dort das Setra Museum untergebracht. Man spürt, wie wohlhabend die alte Reichsstadt damals war. Nicht umsonst ist folgender Spruch bis heute unvergessen:

Setra-Museum

Venediger Macht,
Augsburger Pracht,
Nürnberger Witz
und Ulmer Geld
regiert die Welt.

„Ulmer Geld regiert die Welt"

So hieß es im Mittelalter einmal, als die Stadt Ulm auf der Höhe ihrer Macht stand. Was Reichtum und Macht betraf, war sie auf Augenhöhe mit so mächtigen Städten wie Nürnberg, Augsburg und Venedig, mit denen sie einen regen Handel betrieb. 1165 hatte die königliche Pfalz zu Ulm von Kaiser Friedrich I. das Münzrecht erhalten. 1398 ging die Münze in den Besitz der freien Reichstadt über. 1620/21 baute der Rat ein neues Münzhaus an der Blau. Das Gebäude blieb erhalten, heute befindet sich darin ein Café.
Für Sammler ist der Ulmer Gulden das begehrteste Sammlerobjekt. Er war gar kein Zahlungsmittel, sondern eine Notsteuer. Denn im spanischen Erbfolgekrieg besetzten die Bayern und Franzosen Ulm und verlangten für ihre Kriegskasse 415.000 Gulden von der ausgebluteten Stadt. Aus dieser Not heraus ließ der Rat aus Silbergeschirr und Schmuck eine viereckige Münze schlagen. Ulm stand danach vor dem Ruin.

Wir biegen rechts in die Fischergasse ein und sehen linker Hand den legendären Saumarkt. Leider hat er durch seine Neubebauung nach dem Krieg viel von seinem Flair verloren. Früher war er hauptsächlich das Quartier der Fischer und Schiffsleute, hier fand aber auch regelmäßig der Saumarkt statt. Einer der Bewohner, Wilhelm Molfenter, ein Original mit Zivilcourage, begrüßte die Truppen aus dem deutsch-französischen Krieg von 1870/71 auf seine Weise. An seinem Haus hing ein umkränztes Bismarck-Bild nebst folgendem Spruch an einem Flößerseil:

Auch auf dem Markt der Säue,
wohnt echte deutsche Treue.
Und hier an diesem Strick
hängt Deutschlands größtes Glück.

Die ersten beiden Zeilen flossen in die Ulmer Geschichte ein und prangen heute in Stein gemeißelt am Haus Nummer 3. Eine Zeit lang hieß der Saumarkt auch Schweinemarkt, weil einigen Hochwohlgeborenen das

Der historische „Saumarkt" – die offizielle Bezeichnung des Platzes ist „Schweinmarkt".

„Sau" zu ordinär erschien. Aber der Volksmund ging seine eigenen Wege und so heißt er weiterhin Saumarkt. Die ihrer Ansicht nach unnötige Anbiederung an das Hochdeutsche lehnen die Räsen mit folgender Begründung ab: „Denne ihr Sproch hot jo e koi Hoimat."
Wir spazieren weiter durch das malerische Viertel und biegen gegenüber vom „Wilden Mann" in die Gerbergasse ein. Die gut besuchte Studentenkneipe war schon 1615 eine Zapfwirtschaft. Später bot sie auch Zimmer und Ställe für die Pferde an. Es war die Herberge der Schneidermeister. Weiterhin war es die Wirtschaft der Boten von Krumbach, Laupheim, Schwendi und Öpfingen. Im Sommer treffen sich junge Leute aus der

Denkmal auf dem Saumarkt

ganzen Welt, um am Freisitz an der Blau ihre Probleme zu diskutieren oder einfach nur zu flirten.
Wir gehen weiter nach Norden, Richtung Neue Straße, um das Goldschmiede-Museum des 2006 verstorbenen Goldschmiedemeisters Rudolf Dentler, ein Ulmer Original, zu besuchen. Seine bekanntesten Worte waren: „Ich bin der König von Ulm." Er zählte zu den schillerndsten Figuren der Stadt. Noch gut erinnere ich mich, wie er, stolz wie ein Spanier, mit seinem alten Fahrrad, seiner purpurfarbenen Krone und seinem kobaltblauen Mantel bei Wind und Wetter vom Kuhberg in sein geliebtes Fischerviertel fuhr. An der Fassade seines Goldschmiedeateliers hatte er einen Thron angebracht, von dem aus er jedes Jahr am Schwörmontag mit seinen Anhängern philosophierte. Nach Dentlers Tod richteten seine Frau und seine Tochter im ehemaligen Laden ein kleines Museum ein, das an sein Wirken erinnert. Seine selbstentworfenen Schmuckstücke haben in der ganzen Welt Auszeichnungen erhalten. Also, reinschauen kostet nichts. Gegenüber fließt die Blau an der schon 1349 erwähnten „mülin in dem Loche" vorbei. Im 17. Jahrhundert entstand der dazugehörende Fachwerkbau. Die Wassernutzung endete im Jahre 1930. Bei der Renovierung im Jahre 1988/89 wurde wieder ein Mühlrad installiert, um an die große Zeit der Mühlen an der Blau zu erinnern. Das Denkmal plätschert im Sommer neben dem gemütlichen Garten der Gaststätte „Lochmühle", um den Gästen frische Luft zuzufächeln.

„Der König von Ulm" – Rudolf Dentler († 2006) auf seinem Thron

Wir schlendern zurück zur Schwilmengasse, um das mittelalterliche Schmuckstück, das Sauorückle, das bucklig wie ein alter Esel die Blau überspannt, zu überqueren. Ganz aus Backsteinen erbaut, ist es heute noch funktionsfähig und macht jeder Betonbrücke Konkurrenz. Nach der Brücke wenden wir uns rechts, folgen der Blau und bewundern die Rückseite der ehemaligen Gerberhäuser aus dem 15.-17. Jahrhundert mit ihrer Holzverschalung. Das geruchsintensive Gewerbe ist längst verschwunden, und wir dürfen die sorgfältig renovierten Häuser mit ihren

Gasthaus „Wilder Mann" mit dem Saubrückle

Ulmer Schmuck – Ulmer Schrank

Die Kleiderordnung zur Zeit der Reformation gestattete nur bescheidenen Schmuck. Die Vorliebe der Ulmerin für schwarze Schmucksteine ist daher verständlich. Geschliffener Onyx, früher Granat, umrahmt von Schnörkeln aus Gold, ist typisch für den Schmuck des protestantischen Bürgertums im späten 16. Jahrhundert.
Der Ulmer Schrank, aber auch Truhen und Hängeschränke, sind heute begehrte Sammlerobjekte. Die stabilen, für die Ewigkeit geschaffenen Aussteuermöbel, stammen aus dem 16-17. Jahrhundert. Der für Ulm typische Barockschrank wurde in den Ulmer Werkstätten entwickelt. Seine prächtig dekorierte Schmuckfront aus edlen Hölzern ist sicher nicht jedermanns Geschmack. Die gewundenen Säulen und das geschnitzte Gesims sollten den Wohlstand des Hauses präsentieren. Schlichtere Ausführungen zierten auch Bürgerhäuser.

Plattformen im Erdgeschoss, auf denen einst die Häute gespült wurden, in aller Ruhe betrachten. Ein auffallender Kontrast sind die gegenüberliegenden ehemaligen Kasernenhäuschen der Ulanen, heute ein begehrtes Wohnquartier im Herzen der Stadt.
Ein wichtiges, fast vergessenes Gewerbe war das der Müller. Im Ulmer Adressbuch von 1812 sind noch dreizehn Mühlen aufgeführt. Sie lagen aber nicht nur im Fischerviertel, sondern verteilten sich an der Blau ent-

Gasthaus „Lochmühle"

Das „Frauenzimmer" in der Fischergasse

„Abenteuerspielplatz Blau"

Gerberhäuser an der Blau

... warten auf Kundschaft

lang bis hinauf zum Ulmer Bahnhof. Es gab die Schleif-, Öl-, Gewürz-, Pulver- und die Walkmühle. Letztere war für die Ulmer Textilerzeugung, Loden und Filz, wichtig. Die vom Wasser angetriebenen Hämmer der städtischen Münze sorgten für den nötigen Nachschub an Kleingeld. Die Wasserkraft der Blau war lebenswichtig. So waren Anfang des 19. Jahrhunderts noch elf Getreidemühlen im Einsatz. Die Ulmer Rollgerste und

das Ulmer Mutschelmehl waren international geschätzte Produkte. Die sogenannten Spreuermühlen waren auf Dinkel spezialisiert.
Heute bevölkern in der Hauptsache Touristen das malerische Viertel, so wie früher die Kinderscharen, die hier herumtollten und einen idealen Spielplatz vorfanden. Kinder waren der größte Reichtum vieler Fischer und Schiffsleute. Familien von zehn bis fünfzehn Kindern waren keine Seltenheit. Die Unsitte, dass man Kinder, die einen Sprachfehler hatten, die Köpfe von rohen Fischen abbeißen ließ, war mehr Aberglaube als von großem Nutzen.
So schön es hier ist, wir verlassen das Viertel der Fischer, Gerber und Wasserelfen und gehen hoch zum Schwörhaus.

Ein Kindervers aus vergangenen Tagen:

Heb am Gäule s' Schwänzle hoch
ond bloß' am henta nei,
no kommt a mürber Äpfel raus
ond där ghört dei
(oder: ond du bisch frei)

Auf der Insel

Schwörhaus und Christofsbrunnen

Das Schwörhaus

Das Schwörhaus steht auf dem Weinhof und ist Ulms Geburtsstätte. Im 8. Jahrhundert befand sich hier ein fränkischer Königshof, ab 854 Pfalz genannt. Hier lag das erste Herrschaftszentrum, hier wurden wichtige Verträge abgeschlossen. Eine über zehn Meter hohe Quadersteinmauer, die steil zur Blau abfällt, erinnert an die Stauferzeit und die Besiedlung Ulms. Als der baufällige Wehrturm Luginsland samt Schwörhäuslein 1612 abgebrochen wurde, baute die wohlhabende Reichsstadt ein repräsentatives Schwörhaus, das die Souveränität der Reichsstadt eindrucksvoll zur Schau stellte. Bis heute schwören hier die Oberbürgermeister, wie erstmals 1345, jedes Jahr erneut, „Reichen und Armen ein gemeiner Mann zu sein, in den gleichen, gemeinsamen und redlichen Dingen ohne allen Vorbehalt".

Der Schwörmontag, in der Regel am 3. Montag im Juli, mit all seinen Festivitäten ist heute der wichtigste Feiertag der Ulmer. Die Ulmer springen an diesem Tag über ihren Schatten und schließen nachmittags bereits die Geschäfte. Wie sagen sie verschmitzt: „Geld isch au et älles." Und wer einmal einen Schwörmontag an der Donau erlebt hat, weiß, dass der Ulmer kein Kind von Traurigkeit ist. Beim Nabada wird die Stadt- und Landespolitik auf den Arm genommen, und man sieht unzählige Ulmer Wasserratten auf allem, was schwimmt – von der Badewanne bis zum dekorativ geschmückten Floß. Abends wird bis in die Nacht hinein auf dem Fischerplätzle, dem Klosterhof in Söflingen und in der Friedrichsau gefeiert.

Das Schwörhaus stand nie leer. Auf dem Dachboden lagerte die Stadt einen Teil ihrer Getreidevorräte. Im Erdgeschoss, hinter hohen Fenstern vor neugierigen Blicken geschützt, war ein Waffenarsenal untergebracht. Später lagerte ein Weinhändler seine Fässer ein. Des Weiteren beherbergte das Schwörhaus verschiedene Ämter wie die Stadtbibliothek und vorne hinaus die Zollstube. Hier kassierte die Stadt ihren Obolus wenn zum Beispiel Rossmärkte stattfanden. Natürlich blieb das Schwörhaus vom Krieg nicht verschont. 1785 brannte es erstmals, 1944 wurde es Opfer der Bomben und brannte völlig nieder. Beim Wiederaufbau fanden die Archäologen Alemannische Siedlungsspuren aus dem 7. Jahrhundert. Mit der Einweihung des prachtvollen Baus am 2. August 1954 feierten die

Ulmer die Wiederherstellung ihres geliebten Schwörhauses, in dem jährlich die Feierlichkeiten der Schwörwoche eingeleitet werden.
Bis 2004 waren hier das Stadtarchiv und die Stadtbibliothek untergebracht, bevor die Bibliothek in ihr neues Domizil, die Glaspyramide am Rathaus, einzog. Heute ist im Schwörhaus das Haus der Stadtgeschichte und das Stadtarchiv Ulm zu finden. Endlich können die reichhaltigen Bestände des Archivs angemessen präsentiert werden.

Schwörbalkon

Christofsfigur

Christofsbrunnen

Ein „Naguckerle" sagt der Schwabe, wenn er etwas hervorheben will. Und das ist der Brunnen auf dem Weinhof, der etwas abseits, im Schatten der Kastanienbäume, ein recht beschauliches Dasein führt. Er braucht sich wahrlich nicht zu verstecken. 1566 ist zum ersten Mal die Rede vom „Kasten auf dem Weinhof". 1688 spricht der damalige Ratschreiber von dem „am Weinhof stehenden Röhrenbronnen". Für die Weinhändler war er eine wichtige Wasserstelle, um Pferde zu tränken. Im Jahr 1912 bekam der Hofbildhauer Carl Federlin den Auftrag, die Figur und die Brunnensäule nachzubilden. Im Museum überstand das Original den Bombenhagel auf Ulm, die Kopie wurde am 17. Dezember 1944 total zerstört. 1966 wurde sie durch eine Nachbildung ersetzt. 2002 bekam der Christopherusbrunnen ein neues farbiges Gewand und strahlt seitdem mit den anderen Brunnen der Stadt um die Wette. Nördlich von ihm befand sich die Synagoge, die in der Kristallnacht am 9. November 1938 abbrannte.

Der Weinhof und der Ulmer Wein

Man sollte es nicht glauben, aber Ulm hatte im Mittelalter in Söflingen und am Michelsberg eigene Weinberge. Über die Qualität des Weines schreiben die einen so und die anderen so. Auf jeden Fall geht die Sage um, dass der Söflinger Wein gute Dienste beim Münsterbau leistete. Die Bauleute konnten diesem „Semsakräbsler" nichts abgewinnen und rührten lieber ihren Mörtel damit an. Die zusammenziehende Wirkung des Weines soll bis heute das Münster zusammenhalten. Geschäftstüchtig wie die Ulmer seit alters her sind, konzentrierten sie sich lieber auf den Weinhandel. Zum Ausgang des 15. Jahrhunderts fand auf dem Weinhof der florierendste Weinmarkt in Südwestdeutschland statt.

Der Weinhandel etablierte sich auf dem früheren Hof der königlichen Pfalz, Ulms ältestem Siedlungskern. Nach den dort ansässigen Hofherren hieß der Platz schlicht „Auf dem Hof". Um 1320 wurde er erweitert und heißt seither Weinhof. Der Ulmer Chronist Felix Fabri schreibt 1480 dazu: „Groß ist der Lärm der Kaufenden und der Händler, besonders jedoch auf dem Platz, wo manchmal bis zu dreihundert Wagen und Fuhrwerke mit Wein beladen stehen. Bis Mittag ist oft alles verkauft." Most und Bier hatten sich noch nicht durchgesetzt, und so war der Wein der alleinige Glücksbringer der Menschen in jener Zeit. Er kam hauptsächlich aus der Grafschaft Württemberg, aus dem Neckar- und Remstal. Aber auch Elsässer-, Pfälzer- und Rheinweine kamen zum Verkauf, ebenso Weine aus Tirol, Griechenland und Spanien, die mit Flößen auf der Iller angeliefert wurden. Keinen Mangel gab es an Weinen aus Ungarn und der Wachau. Die Flößer brachten sie auf ihrem Rückweg aus den Donauländern mit. Jeder wohlbestallte Bürger Ulms hatte sein eigenes Weinfass im Keller. Die Ulmer Wirte pflegten am Samstag, dem Tag des Weinmarktes, ihren neu erworbenen Wein auf der Straße vor dem Haus anzustechen und auszuschenken. Die Weinpanscherei nahm jedoch solche Ausmaße an, dass der Rat der Stadt 1488 eine Weinverkaufsordnung erlassen musste. Fortan durften nur noch Weine ohne Zusätze verkauft werden. Städtische Beamte prüften jedes Fass. Fand eines nicht ihre Zustimmung, ließen sie es auslaufen und verbannten den Händler aus der Stadt. Außerdem überprüfte man bei jedem Fass mit dem kleinen Finger, ob es voll war.

Weinhof

Seit der Anfertigung des
Normalkessels durch den Astronomen
Keppler 1626 funktionierte das Maß- und Gewichtswesen in Ulm ohne Beanstandung. Doch die Wirte waren erfinderisch. Kamen Fremde in die Stadt, kredenzten sie ihnen nicht selten Wein, den sie mit Most verlängert hatten. Erfahrene Fuhrleute führten deswegen immer ein paar Apfelkerne in ihren Taschen mit. Hatten sie den Verdacht, dass ihr Wein mit Most verdünnt war, tranken sie ihr Glas fast leer, warfen ein bis zwei Apfelkerne hinein, beschwerten sich lauthals beim Wirt und verlangten ein frisches volles Glas. Aus jeder Zeit stammt der Spruch: „Breng mr liabr glei an Mooscht, no woiße wenigstens, dass koi Wei dren isch."
Doch die Weinseligkeit ging bedingt durch den Dreißigjährigen Krieg drastisch zurück. Zudem war Bayern ein Land der Biertrinker geworden. Die Bevölkerung trat gemeinsam mit den durstigen Insassen der Klöster in einen Streik und kaufte „bei den Lutherischen" keinen Wein mehr. 1786 wurde der Ulmer Weinmarkt geschlossen und der Weinhof fiel in den Dornröschenschlaf. Außer den riesigen Kellern unter der nahe gelegenen Kronengasse erinnert nichts mehr an das feuchtfröhliche Treiben in vergangener Zeit.

Im Innenhof der „Krone" mit dem Donaubüro der Stadt Ulm und dem „Haus der Donau"

Ulmer Austern

Eine gewöhnliche Weinbergschnecke machte nach der Reformation 1530 in Wien Karriere. Da die Ulmer mehrheitlich zum Protestantismus übergetreten waren, ließ das Interesse an Schnecken als Fastenspeise merklich nach. Also packten die geschäftstüchtigen Ulmer die Schnecken in Fässer und transportierten sie auf der Donau Richtung Wien, wo sie als „Ulmer Austern" zur Fastenzeit heiß begehrt waren. Die Schnecken gediehen in Ulm und drum herum nicht nur in freier Wildbahn, sie wurden auch in speziell angelegten Schneckengärten aufgezogen. Auf der Alb, besonders im Lautertal, hatten sich Kleinbauern auf die Schneckenzucht auf eingezäunten, mit Endivie bepflanzten Äckern spezialisiert.

Heute ist die Schnecke wieder auf dem Vormarsch und erobert langsam die Speisekarten. In der Nähe von Neu-Ulm wird die Albdeckelschnecke zu Tausenden für Feinschmecker gezüchtet. Auf der Schneckenfarm von Frau Monika Merkle kriechen nahezu eine Million dieser schleimigen Häuslesbauer umher, um nach dreijähriger Mast in die Kochtöpfe zu wandern. Früher verkauften sie die Wirte warm, mit Sardellen, oder kalt, in Essig und Öl eingelegt. Später kamen das Schneckensüpple und Schnecken mit Knoblauchbutter überbacken in Mode.

Neuer Bau

Vom Weinhof schlendern wir links in die Kronengasse und passieren das Gasthaus „Krone", die einstige Fürstenherberge der mittelalterlichen Reichsstadt Ulm. Der ganze Gebäudekomplex ist um einen schattigen Innenhof gruppiert. Die Herberge wurde von der Stadt im 14. Jahrhundert erbaut, um die hochherrschaftlichen Gäste jener Zeit standesgemäß unterzubringen: König Rupprecht - 1401, den Reformator Johannes Hus - 1414, Kaiser Maximilian - 1492, Erzherzog Leopold - 1623, den schwedischen Feldherrn Karl-Gustav Wrangel - 1646/47 sowie den Dichter Schubart - 1775, um nur einige zu nennen. Zwei Ulmer Patrizier, Ungelter und Krafft, waren sich nicht zu schade, das Fürstenquartier selbst zu führen. Im hinteren Teil des Gasthauses „Krone" ist seit Kurzem das Haus der Donau untergebracht, das sämtliche Donauaktivitäten der Stadt Ulm und darüber hinaus koordiniert. Außerdem hat es das Internationale Donaufest ins Leben gerufen, welches alle zwei Jahre am Neu-Ulmer und Ulmer Donauufer stattfindet und Gäste sämtlicher Donauanrainerstaaten begrüßt.
Am Ende der Kronengasse biegen wir links ab in die Postgasse. Beachten Sie das Eckhaus, die frühere Kronen-Apotheke, mit seinem interessanten mittelalterlichen Außenputz. Es gehörte 1808-1881 dem Apotheker Dr. Ernst Gustav Leube, dem Entdecker des Romanzements. Besonders sehenswert sind die beiden an der Ostseite angebrachten Rokoko-Haustüren aus der Zeit um 1770. Wir ziehen weiter, die kleine Steigung gen Norden hoch, und kommen vorbei am Teichmann-Brunnen (G. Bronn und A. Unselt, 1911), einem zierlichen Jugendstil-Brunnen, der zwischen dem massigen Bau der Sparkasse und der BW-Bank fast erdrückt wird. An der Spitze des Brunnens sehen wir drei Ulmer Originale verewigt: den Spatzameez, den Kuhhirten und den Schneider von Ulm.
Wir überqueren die vielbefahrene Neue Straße, lassen Ulms Neue Mitte rechts liegen, denn dort geht es nach zweihundert Metern Richtung Neu-Ulm, und wenden uns links dem Neuen Bau zu. Das prächtige Gebäude durfte sich ursprünglich Königshof nennen. Die schlossartige, fünfeckige Anlage präsentiert sich heute einheitlich in Sichtbacksteinausführung. Seine architektonischen Reize zeigt das Bauwerk aber erst im Innenhof. Der Kolossalbau diente als Korn- und Salzspeicher, was man an den

Innenhof des Neuen Baus und Hildegardbrunnen

vielen Gaubenfenstern erkennt, die sich in mehreren übereinanderliegenden Reihen über das Dach ziehen. Sie stellten sicher, dass das Korn ausreichend belüftet war. Das Erdgeschoss besteht aus Säulengewölben. Hier lagerten früher das Salz und die Weinfässer. Die obere, prunkvoll mit Holz getäfelte Reiche Stube, in der der Ulmer Rat von Zeit zu Zeit tagte, wurde 1924 bei einem Brand zum großen Teil zerstört. Aus ihren Überresten, die man eingelagert hatte, wurde 1938 ein repräsentativer Versammlungsraum errichtet, der den Nazis als Offizierskasino diente. Heute ist er der Konferenzraum der Polizeidirektion, die alleiniger Nutzer des Gebäudes ist.
Wie die gesamte Innenstadt litt auch der Neue Bau unter dem Bombenhagel vom 17. Dezember 1944. Nachdem die schweren Schäden an der Westseite behoben waren, zogen als Erstes verschiedene Ämter, die alle ausgebombt waren, unter das große schützende Dach dieser Trutzburg.

Hildegardbrunnen

Mitten im Hof des Neuen Baus plätschert ein Brunnen, auf dessen Säule Hildegard, die Gemahlin Karls des Großen steht. Im zarten Alter von dreizehn Jahren wurde sie 771 die zweite Frau dieses berühmten Mannes. Als sie mit fünfundzwanzig Jahren starb, hinterließ sie neun Kinder.
Weil sie seinen unsittlichen Antrag abgewiesen hatte, nahm der Stiefbruder des Kaisers Rache und beschuldigte Hildegard des Ehebruchs. Karl wollte sie daraufhin blenden lassen. Ein Ritter, der mit der Beschuldigten befreundet war, täuschte den Kaiser und überbrachte ihm die Augen eines Hundes. Hildegard verhalf er zur Flucht nach Rom. Karl verzieh seiner Frau später und ermöglichte ihr, das Stift Kempten zu gründen. Seit 2006 erfreut uns ein farbenfrohes Duplikat der Brunnenfigur. Ihre Vorgängerin hatte, von Wind und Wetter gegerbt, ausgedient und ruht nun im Neuen Bau.

Der Sandjackl

Eines Tages fuhr der Sandjackl den Lautenberg hinauf, und sein Esel schaffte es kaum, den schweren Sandkarren hinaufzuziehen. Da hatte ein Passant Erbarmen und half, den Karren hochzuschieben.

Dr Sandjackl will da Lautaberg nauf,
fescht glada, auf da Karra got nix meh drauf,
sei Esel där ziagt ond schnauft, dass'r schwitzt
ond oinaweg hot'n dr Jakob mit dr Peitsch no pfitzt.
A Herr hot Erbarma mit am Esel ond schiabt.
Des langohrige Diarle guckt gar so betrüabt.
Ond richtig, se kommat ganz guat oba a.
Dr Jakob bedankt sich als höflicher Ma.
So, dank schö Herrle, dui Angscht wär jetzt rom,
hau's glei denkt, dass e mit oim Esel ned nauf komm.

(Verfasser unbekannt)

Neuer Bau und Lautenberg (rechts)

Der Sandjackl und seine Helfer am Lautenberg

Das nördliche Münsterviertel

Löwenbrunnen

Wir verlassen den Neuen Bau durch sein dekoratives Renaissance-Hauptportal und überqueren den Münsterplatz, vorbei am Löwenbrunnen, der seit der Neugestaltung des Münsterplatzes im Juli 1994 seinen Standort gewechselt hat. 1597 errichtet, stellt er noch heute auf seiner Säule einen doppelten Löwen dar, der auf der einen Seite ein Schild mit dem Reichsadler und auf der anderen Seite das Ulmer Wappen trägt. Ende des 19. Jahrhunderts verschwand er für längere Zeit im Werkhof der Stadt. Erst 1914 erwachte er zu neuem Leben. Die Originale wanderten ins Museum.

Wir biegen in die Platzgasse ein, die mit ihren gut erhaltenen Handwerkshäusern aus dem 15.-17. Jahrhundert die Gemütlichkeit vergangener Zeiten widerspiegelt. Nach circa fünfzig Metern zweigt rechter Hand

Der Spatzameez und s' Bäuerle am Löwenbrunnen

die Kohlgasse ab. Wir sehen das Hotel „Bäumle", das 1598 erbaut wurde und zunächst „Grüner Baum" hieß. Es besaß drei große Stuben, drei Gewölbekeller, acht Fremdenzimmer und einen Stall für vierzig Pferde. Ab 1756 war es die Herberge der Boten von Geislingen. Nach dem Zweiten Weltkrieg quartierte man in den wenig beschädigten Gaststätten Ulms die Schule ein. Nach Unterrichtsschluss verschwand die Schultafel im Flur, und es wurde Essen gereicht. Noch gut erinnert man sich im „Bäumle", dem einzigen gut erhaltenen Hotel der Innenstadt, wie alle verfügbaren Räume mit Matratzen ausgelegt wurden, um Reisenden, Flüchtlingen oder Ausgebombten eine Bleibe für die Nacht bieten zu können. Nicht selten schliefen Gäste auf Bänken und zusammengerückten Stühlen. Noch lange Zeit mussten sich Reisende das Doppelzimmer mit anderen Gästen teilen. Heute zählt das „Bäumle" mit seinen Fremdenzimmern und seinen urgemütlich eingerichteten Gasträumen zum Urgestein Ulmer Gastronomie.

Hotel „Bäumle" in der Kohlgasse

Wir ziehen weiter die Platzgasse entlang und biegen rechts in die Herrenkellergasse ein, vorbei an der Wirtschaft „Herrenkeller" mit ihrer großen gemütlichen Gaststube, in der man nach alter Väter Sitte abends auch Karten spielen darf. Schon 1639 braute der Wirt und Braumeister H. M. Faulhaber hier sein Bier, das er in der Valentinskapelle einlagern durfte.
Nach fünfzig Metern biegen wir rechts ab in die Rabengasse mit ihren „alten Häusle" aus längst vergangenen Tagen und genießen das Flair der winkligen Gassen und der kleinen, familiär geführten Läden. Im Haus Nr. 6 der Rabengasse ließ der weltbekannte Astronom Johannes Keppler 1627 seine Rudolfinischen Tafeln, ein Grundlagenwerk der modernen Astronomie, drucken.

Rabengasse

Wirtshausschild in der Rabengasse

„Holz Krug" beim Kornhaus

Buchladen Eichhorn in der Herrenkellergasse

Historisches Gasthaus „Drei Kannen"

Der „Ulmer Zuckerbäcker" in der Herrenkellergasse

Ulmer Zuckerbrot

Ein Gebäck mit langer Geschichte, die bis ins Mittelalter reicht. Dieser Zwieback aus Hefeteig wurde und wird heute noch mit Ingredienzien wie zum Beispiel Rum, Rosenwasser, Anis und Fenchel verfeinert. Ulm kam als Knotenpunkt vieler Fernhandelswege früh in den Genuss ausländischer Gaumenschmeichler, etwa Malagawein, in die man das Ulmer Kranzbrot zu besonderen Anlässen tunkte. Die „Ulmer Zuckerbäckerei" in der Herrenkellergasse, zu erkennen an ihrem prächtigen Stechschild, backt bis heute die Delikatesse aus alter Zeit.

Rezept für 3 Kastenbrote mit ca. 550 g Teig:

1000 g Weizenmehl, 75 g Hefe, 12 g Salz, 70 g Zucker, 80 g Butter, 10 g Schmalz, 10 g Anis, 10 g Fenchel, 300 g lauwarme Milch, 150 g Madeira-Wein, 6 g Rosenwasser, 12 g Rum

Hefe in der lauwarmen Milch auflösen. Mit allen Zutaten einen etwas festen Teig bereiten und gut kneten, ca. 15. Min. zugedeckt in der Schüssel ruhen lassen und nochmals kurz durchkneten.
Nach weiteren 15 Min. Teigruhezeit werden Teigstcke von ca. 550 g abgewogen. Das Gewicht der Teigstücke richtet sich nach der Größe der Backform.

Die Teigstücke werden kurz durchgeknetet, länglich geformt und in die gefetteten Kastenformen eingelegt. Die Teigoberfläche kann mit Wasser oder Milch abgestrichen werden.
Die Teigstücke in den Kastenformen gut aufgehen lassen. Danach wird die Oberfläche in der Mitte der Länge nach mit einem scharfen Messer ca. 1 cm tief eingeschnitten.

Die Brote in den auf etwa 230° C vorgeheizten Backofen schieben. Die Backhitze nach etwa 15-20 Min. auf 200° C zurückschalten und bei dieser Backhitze gut ausbacken.
Backzeit: ca. 45 Min., je nach Brot- und Formengröße.

Vielfach ist es üblich, das gebackene Ulmer Zuckerbrot etwa einen Tag nach dem Backen in ca. 2-3 cm dünne Scheiben zu schneiden, die Scheiben flach auf ein Backblech zu legen und sie bei etwa 200° C auf beiden Seiten zu rösten, wie Zwieback.

Kohlgasse

Nach etwa hundert Metern biegen wir links in die Kohlgasse ein, die lange im Schatten des Fischerviertels dahinschlummerte und in der die Zeit stehengeblieben zu sein schien. Diese liebenswerte schmale Gasse mit ihren Kleinbetrieben und Tante-Emma-Läden ist vielen Ulmern ans Herz gewachsen. Am Ende der Kohlgasse biegen wir rechts ab, um linker Hand in die Pfluggasse einzuschwenken. Doch zuvor noch einen Tipp für unsere Gäste: An schönen Sommertagen bietet sich der Besuch der sehenswerten Gartenwirtschaft „Drei Kannen" an. Biegen Sie am Ende der Kohlgasse links ab. Nach etwa hundert Metern betreten Sie die Gartenwirtschaft, die versteckt hinter den Häusern liegt, durch einen Torbogen von 1671. 1832 erhielten die „Drei Kannen" die Brauereigerechtigkeit. Von dem einst prunkvollen Kaufmannshaus der Weickmanns können wir nur noch die aufwendig restaurierte barocke Loggia aus dem 17. Jahrhundert im Garten bewundern.

Wirtshausschild beim Kornhaus

Wir näheren uns dem Schlusspunkt unserer historischen Rundwanderung, dem Kornhaus. Vorbei am Restaurant „Pflugmerzler", ein Treffpunkt verwöhnter Gourmets, sehen wir bereits den ehemaligen Kornspeicher um die Ecke blinzeln. Die Metzler waren früher übrigens Lebensmittelhändler, die das Recht hatten, Seifen zu sieden und Kerzen zu ziehen. Einige von ihnen erhielten auch das Recht, Getränke auszuschenken, die allerdings nur im Stehen konsumiert werden durften. Der „Pflugmerzler" hat sich als einziger bis in unsere schnelllebige Zeit hin-

über gerettet – als Restaurant natürlich. Der Münsterbaumeister Herr Lorenz meinte einmal launisch: Die drei großen „K“ ziehen die Touristen nach Ulm: Kirche, Kaffee, Klo!
Uns zieht es jetzt aber in die Kornhausgasse mit dem Kornhaus und dem „Kornhäusle“, einer beliebten Crèperie. Im Schwäbischen würde man sagen: einer Flädlesbäckerei. Von Montag bis Freitag ist sie nur abends geöffnet, dafür samstags und sonntags durchgehend. Nach alter Tradition schenkt man hier Most und Zeitbeerwein (Beerenwein) aus. Neben der sehenswerten Werkzeugsammlung können sie den Getreideseilaufzug bewundern, der an der Decke angebracht ist. Das im 16. Jahrhundert erbaute Haus gewann 1980 den 1. Preis im Fassadenwettbewerb und ist seither ein beliebtes Fotomotiv.

„Crêperie Kornhäusle“ in der Kornhausgasse

Das Ulmer Alblamm

Im 15.-16. Jahrhundert trieben die Schäfer jährlich bis zu 4000 Schafe nach Ulm, um sie an die Metzger zu verkaufen. Bei einer Einwohnerzahl von 10 000-15 000 Menschen eine beachtliche Zahl. Mit dem Wohlstand wuchs das Verlangen der Bürger nach mehr Rindfleisch. Das preiswerte Schweinefleisch und das schmackhafte Lammfleisch hatten das Nachsehen. In Frankreich wird Lammfleisch bis heute geschätzt.

Bis zum Ersten Weltkrieg zogen riesige Schafherden in 21 Tagen auf einer bestimmten Route von Straßburg nach Paris. Dort kamen jeden Montag 8000-10 000 deutsche Schafe zum Verkauf. Der schlechte Ruf, dass das Fleisch „bockalat", also nach altem Schafsbock riecht, hat ihm fast den Garaus gemacht. Dabei kommen heute nur junge Lämmer auf den Markt, die Zeiten der Altschafverwertung sind vorbei. Die Hammel-Essen, die im Herbst auf der Alb stattfindenden, haben der „Metzelsupp" in der Zwischenzeit den Rang abgelaufen. Insider wissen schon lange, was die Uhr geschlagen hat.

In Ulm hat sich das „Kornhäusle" auf frisches Lamm spezialisiert, das von der Schäferei Stotz in Münsingen geliefert wird. Die Lammstreifen, das Hacksteak mit Schafskäsefüllung und die Lammspieße finden von Jahr zu Jahr mehr Liebhaber. Passend dazu ein Gläschen Moscht von der Alb – Prost!

Wir gehen zurück zum Kornhausplatz und befassen uns mit dem 1594 erbauten reichsstädtischen Kornspeicher. Schon vor dem Bau des Kornhauses war hier im Mittelalter der Kornmarkt angesiedelt. Um 1850 befand sich an dieser Stelle der größte Getreideumschlagplatz in Württemberg. Kornmesser, Kornschreiber und Kornknechte hatten reichlich zu tun und wohnten in den umliegenden Giebelhäusern wie dem Kornhäusle. Die geschweiften Giebel und der Sgraffitoputz geben dem Renaissancebau ein prächtiges Aussehen, das die Macht und den Stolz der alten Reichsstadt Ulm präsentiert. Aber wo viel Pracht ist, ist oft auch viel Leid. So kam es, bedingt durch Getreidespekulationen, schlechte Ernten und Versagen der Behörden 1847 zu schweren Tumulten. Nach den Ulmer Brotkrawallen standen 191 Personen, darunter 52 Frauen, vor Gericht. Beachtenswert auch das westlich am Kornhausplatz gelegene Dreigiebelhaus, dessen Bauform im 17. Jahrhundert für Ulm charakteristisch war. Das Kornhaus brannte im Bombenhagel von 1944 völlig aus. Der Wiederaufbau erfolgte 1961/62, allerdings ohne die typischen Dachgauben. Im Inneren befindet sich heute ein Konzertsaal. Eine besondere Attraktion ist die jährliche Versteigerung im Rahmen der „Aktion 100 000" im Dezember.

Naturkundliche Sammlung

Gleich hinter dem Kornhaus finden Sie in der Kornhausgasse Nr. 3 das Naturkundliche Bildungszentrum mit seiner Dauerausstellung. Die wissenschaftliche Belegsammlung umfasst über 60 000 Objekte. Es ist eine Fundgrube der Natur.
Öffnungszeiten: Montag bis Freitag 10-16 Uhr,
Samstag, Sonntag, Feiertage 11-17 Uhr
Telefon: 0731/161-4742 - www.naturkunde-museum.ulm.de

Museum der Brotkultur

Neben dem Kornhaus als größtem Kornspeicher der Stadt muss im gleichen Atemzug der Salzstadel in der Salzstadelgasse genannt werden. Denn das älteste und auch wichtigste Handelsgut war das Salz, sei es in Form von Salzscheiben oder als gestoßenes Salz. Schon in alten Zeiten war der Salzhandel ein Privileg der Kaufleutezunft. Alles Salz, das nach Ulm gebrachte wurde, musste den Kaufleuten im Salzstadel zum Kauf angeboten werden. Ein Monopol, mit dem sich gut Geld verdienen ließ. Der im Jahre 1594 erbaute Salzstadel wurde im Krieg zum Glück verschont und beherbergt heute das Museum der Brotkultur – ein Museum das seinesgleichen sucht und in Ihrem Ulmer Besuchsprogramm nicht fehlen sollte. Öffnungszeiten: Täglich 10-17 Uhr
Telefon: 0731/69955 - www.museum-brotkultur.de

Ulmer Spatz

Für die Spatzenschar war die mittelalterliche Stadt eine reichhaltige Futterquelle. Die kleinen, frechen Räuber eroberten die Plätze und Gassen, ja, sie besetzten sogar das Münster. An die Spatzen erinnert sich auch Prof. Carl Dieterlen (1826-1922) in seinen Aufzeichnungen.
„Das Münster befindet sich schon beinahe dreihundert Jahre im Dornröschenschlaf und in einem desolaten Zustand. Das Dach war mit Moos bewachsen und auf den Mauern und deren Absätzen gediehen Pflanzen aller Art, ja sogar Bäumchen wuchsen gen Himmel. Eulen, Fledermäuse, Dohlen und Tauben bevölkerten das Gotteshaus. Durch die defekten Butzenscheibenfenster konnten die Spatzen ein- und ausfliegen, um in aller Ruhe und sicher vor eventuellen Nesträubern ihren Nachwuchs aufzuziehen. Mit ihrem lauten Gezwitscher unterhielten sie die Kirchenbesucher, die kaum noch die Predigt verstanden. Für die Kinder war das ein Riesenspaß. Kein Wunder", schreibt unser Zeitzeuge, „dass uns die

Der Ulmer Spatz und andere typische Ulmer Souvenirs aus der Konditorei Tröglen

Spatzen mehr interessierten als die Predigt. Aber irgendwann war die Geduld der Ulmer erschöpft, und sie beschlossen, ihr Münster zu renovieren. Als Dank an die Spatzen, die die Ulmer an ihre Pflichten erinnert hatten, setzten sie eine Spatzenfigur aufs Dach. Sie sollte die folgenden Generationen ermahnen: Das Münster ist unser größter Schatz – hütet es wie euren Augapfel."
Diese Version der Spatzensage ist eine der vielen, die über die Jahrhunderte entstanden.

Um die Verbreitung der Spatzensage hat sich der Ulmer Konditor Tröglen besonders verdient gemacht. 1840 brachte er folgende, für die Ulmer nicht gerade schmeichelhafte Geschichte in Versform zu Papier.

Zu Ulm einst vor dem Tor,
stand rat- und hilflos man davor.
Die Balken, die man quer geladen,
so niemals in die Stadt geraten.
Da stellt bei einem Spatz man fest,
der oben baut' an seinem Nest,
dass dieses kluge Vögelein
den Halm zieht längs ins Nest hinein.
So macht der Spatz den Leuten vor,
wie man die Balken kriegt durchs Tor.
Seitdem werden im ganzen Land,
die Ulmer „Spatzen" nur genannt.

Tröglen war auch der Erste, der den süßen Ulmer Schokoladenspatz herstellte, dem bis heute immer dieses Gedicht beiliegt. Damit trug der Konditor entscheidend zur Entstehung des Ulmer Wahrzeichens bei. Unzählige Spatzen und Spätzlein sind bis heute hinaus in die Welt geflogen und die Beliebtheit des Mitbringsels aus Ulm ist bis heute ungebrochen. Heute interessiert es niemanden mehr, dass der erste Vogel auf dem Münster vermutlich ein Adler, nämlich das Wahrzeichen des Heiligen Römischen Reiches war. Als man die völlig verwitterte Figur 1854 im Zuge der Dachsanierung abmontierte, beschloss die Bürgerschaft 1858, stattdessen einen aus Stein gehauenen Spatz aufzustellen. 1888/89 stiftete die Ulmer Gesellschaft Hundskomödie einen Spatz, der aus Kupfer getrieben und vergoldet war. Wind und Wetter haben das Gold mittlerweile weggewaschen, und so wartet das Ulmer Heiligtum geduldig auf einen Sponsor, der ihm sein goldenes Federkleid wieder umlegt.

Einige Daten zum Ulmer Spatz auf dem Münster:
Länge: 92,8 cm (vom Schnabel bis zum Schwanzende)
Höhe: 55 cm (vom Fuß bis zum Kopf)
Der Strohhalm ist 72 cm lang und 2 cm dick

Bei der Renovierung des kupfernen Spatzen fanden die Steinmetze eine Gründungsurkunde samt Gedicht in bestem Zustand vor. Nach Abschluss der Instandsetzungsarbeiten legten die Steinmetze 1964 eine zweite Urkunde, ein Kinderspielauto aus Kunststoff, einen Kugelschreiber, zwei örtliche Zeitungen und je ein Exemplar aller im Umlauf befindlichen DM-Münzen in den Hohlraum des Ulmer Spatz. Danach verlöteten sie die 6-Zentimeter-Öffnung am Hinterteil, auf dass die Utensilien der Nachwelt unbeschädigt erhalten blieben.

Wie heißt es doch so schön: „Jeder Mensch hat einen Vogel, nur die Ulmer haben ihren Spatz."

Ein Ulmer Spatz beim Rathaus

Den Spatz aus Sandstein von 1858 können Sie im Inneren des Münsters unweit des Eingangs in seiner Glasvitrine bewundern. Marketingexperten haben schon vor Jahren den Werbewert des kleinen Vogels erkannt, und so wimmelt es heute in Ulm von Spatzen und Spätzchen. Er ist das Maskottchen der Ulmer Fußballer, und natürlich darf er beim Ulmer Nationalfest auf der Donau, dem Fischerstechen oder Nabada, nicht fehlen. Der 1958 gegründete Ulmer Spatzen Chor zwitschert in der ganzen Welt um die Wette, und im „Spatzennest" werden die Kleinen gehütet. Nur der

Laugenspatz, ein Spezialgebäck der Ulmer Bäcker, hat sich in den Läden rar gemacht, was Anlass zu lauten Protesten gab. Im Jahr 2001 bevölkerten 275 überdimensionale Spatzen aller Couleur die Innenstadt von Ulm. Die Skulpturen waren von Kindern und Künstlern für eine Benefizaktion farbenfroh bemalt worden. Die Aktion brachte rund 350.000 Euro zugunsten des Münsterbauvereins ein. Das Geld ist für die Restaurierung der Chortürme bestimmt.
In meinem alten Poesiealbum aus der Schulzeit steht: *„Sei immer heiter und froh, so kommst du durchs Leben wie's Ulmer Spätzle durchs Tor."*

Ulmer Spatzen und Spätzle

Ulm, die Stadt der Spatzen und Spätzle, entwickelt sich zur heimlichen Hauptstadt der schwäbischen Leibspeise. Es gibt kaum eine Stadt, in der dem Spätzle soviel Aufmerksamkeit geschenkt wird wie hier, wo die Ulmer Spatzen, der Spitzname der Ulmer, zu Hause sind.
Hier komponierte Helmut Schell seine Lobeshymne auf die Spätzle. In Ulm erschien das erste umfangreiche Spätzleskochbuch, die „Schwäbische Spätzlesküche", heute ein baden-württembergischer Bestseller. Eine der größten Spätzlesmaschinensammlungen ist in Ulm zu Hause.
Das Ulmer Touristikbüro bietet interessierten Touristen nach der Stadtführung einen Spätzleskochkurs an.
In Ulm, um Ulm und um Ulm herum erfreuen Spätzlesfeste wie in Neu-Ulm und Blaubeuren-Gerhausen die Besucher mit neuen Kreationen.
Der Ulmer Ausscheller, ein ehemaliger Weber, hatte eine Vorliebe für das „Spatzagschmeez". So nannte man den Bodensatz, der beim Spätzleskochen übrig blieb. Ob der Ausscheller einen Sprachfehler hatte oder nur maulfaul war, sei dahingestellt. Auf jeden Fall war der Kochrest für ihn kurz und bündig das „Spatzameez".

Heute grüßt ein Spatz vom Münster herab die Besucher von Ulm und heißt sie alle herzlich willkommen.

Der Ulmer Spatz auf dem Münster

Ulmer Originale

Da eine Stadt nicht nur aus Stein besteht, werden wir Ihnen einige Ulmer Originale vorstellen, die bis heute unvergessen sind.

Ein Original der Biedermeierzeit war der ehemalige Weber und spätere Ausscheller Konrad Rau. Seinen Spitznamen **Spatzameez** hatte der immer hungrige Büttel seiner Vorliebe für die dicklichen Überreste der Spatzenbrühe zu verdanken. Diese verwendete der sparsame Schwabe statt Öl auch gerne zum Anmachen von Kartoffelsalat. Der Spatzameez war ein kleiner Mann mit O-Beinen und einem Sprachfehler. Statt Spatzagschmetz, so die korrekte Bezeichnung, sagte er einfach Spatzameez, was ihm viel Spott eintrug. Er verstarb am 26. September 1815 im Alter von siebzig Jahren. Sein Nachfolger hieß wohl Wacker, musste sich aber von den Kindern ebenfalls als Spatzameez hänseln lassen. Die Hänselei nahm derart überhand, dass sogar die Polizei einschreiten musste. Immerhin war Wacker ein Angestellter der Stadt und ihr amtliches Sprachrohr. Er gehörte zum lebenden Inventar der Gassen und Plätze und war im Grunde genommen bei allen beliebt. Wenn die Gassenbuben ihn ärgern wollten riefen sie:

Ond wenn'r recht gschellat hot
ond ragschria hot vom Boga,
no schreiat se: Spatzameez –
s' isch älles vrloga!

Ein weiteres Ulmer Original war der **Griesbadmichel**. Geboren 1820 als Michael Hetzler in Bermaringen, trat er 1841 eine Stelle als Hausknecht im Griesbad an. Seine Aufgabe war es, die Pferde der Bauern von der Alb und aus dem Bayerischen gut zu versorgen. Im weitläufigen Garten der Wirtschaft, den er heiß und innig liebte, ging die Arbeit nie aus. Holzspalten und abends an der Theke helfen rundeten sein Programm ab. Er erlebte die Zeit des Eisenbahnbaus und die Einführung der Gasbeleuchtung und von Wasserleitungen. Ihn konnte nichts erschüttern. Er war und blieb bis zu seinem Lebensende ein gutmütiger und anständiger Mann, der bei Gästen aus nah und fern beliebt war. Dabei war er nicht aufs Maul gefallen. Besondern mit dem Stadtpfarrer Ernst, der ihn gern hänselte, hatte er oft heiße Dispute. Einmal erwischte er in seinem Garten den Herrn Pfarrer, als dieser einen Rettich herauszog. „Nix da, Herr Pfarrer", meinte der erboste Michel, „gestohlene Rettich sind so pelzig wie gestohlene Seelen". In seinen dreiundfünfzig Jahren als Faktotum hatte er viel erlebt und gehört, und so zog er sich abends gerne in seinen Garten zurück, wo er bei feuchter Witterung mit Schirm und Laterne auf Wurm- und Schneckenfang ging. So endet auch ein Gedicht über ihn:

Wer durch da Garta schleicht so still,
dr Michel isch ,s mit seim Laternle,
der Regawürmer fanga will.

Nach dem Tod des Originals 1894 schuf der Bildhauer Federlin eine Bronzeskulptur des Griesbadmichels mit seinen typischen Attributen Schirm, Laterne und Eimer. Zum hundertjährigen Todestag errichtete die Stadt Ulm den vom Künstler Eduard Mutz gestifteten Brunnen „Auf dem Kreuz". Die bronzene Brunnenfigur zeigt den Griesbadmichel, wie er, nach vorn gebeugt und den Regenschirm in der Hand, auf den Boden deutet. Er war eben ein Original – von der Wiege bis zum Grab.

Bronzeskulptur des Griesbadmichel - Griesbadbrunnen „Auf dem Kreuz"

Ulmer Originale im „Kornhäusle"

Der **Schneider von Ulm,** heute weltbekannt, ist eigentlich zweihundert Jahre zu früh auf die Welt gekommen. Wer war dieser Albrecht Ludwig Berblinger? Geboren wurde er am 24. Januar 1770 als siebtes Kind. Nach dem frühen Tod der Eltern kam er mit dreizehn Jahren ins Waisenhaus. Obwohl er keine Neigung für das Schneiderhandwerk verspürte und sich mehr für die Mechanik interessierte, musste er eine Schneiderlehre antreten. Berblinger war ein intelligenter, zielstrebiger Bursche, der bereits mit einundzwanzig Jahrer die Meisterprüfung ablegen durfte. Obwohl die Konkurrenz groß war – in Ulm gab es damals an die sechzig Schneider – war er erfolgreich. Er inserierte im Ulmer Intelligenzblatt und empfahl sich für Männer- und Frauenkleider sowie als Kostümschneider für das Fischerstechen und die Fasenacht. Bald beschäftigte er bis zu vier Gesellen. Er heiratete eine Ulmerin aus einer Schifferfamilie, mit der er sechs Kinder hatte.

Berblinger war eine außergewöhnliche Persönlichkeit, kreativ und sensibel. Am Michelsberg, dort standen damals nur Gartenhäuser, machte er seine ersten Flugversuche. Kommerzienrat Eduard Leube beobachtete ihn, wie er von Garten zu Garten flog. Aus Scheu vor den allgegenwärtigen Spöttern flog er hauptsächlich am frühen Morgen oder am späten Abend. Sicher machte er keine große Sprünge, aber er war der erste Mensch, der sich mit einem selbst gebastelten Fluggerät in die Lüfte erhob. Erst 1896 machte es ihm Otto Lilienthal nach, allerdings mit mehr Erfolg.

Die Erfindungsgabe des Ulmer Schneiders kannte keine Grenzen. So erfand er als Erster 1808 eine „künstliche Fußmaschine", eine Prothese, die sich in den Gelenken bewegte. Da Ulm 1802-1810 zu Bayern gehörte, schrieb er dem bayerischen König, um, heute würde, man sagen ein Patent zu beantragen, was dieser aber ablehnte. Sicher wäre Berblinger durch die Prothesenfertigung zum wohlhabenden Bürger aufgestiegen. So aber blieb er ein armer Schlucker. Es sollte jedoch noch schlimmer kommen. Man schrieb das Jahr 1811 und Ulm wurde Württemberg zugeschlagen. Anlässlich eines Besuchs von König Friedrich I. wollte die Stadt eine besonders attraktive Vorstellung zu seinen Ehren geben. Sie bat den Flugpionier, von einem neunzehn Meter hohen Holzgerüst an der Adlerbastei über die Donau zu fliegen. Doch die nötige Thermik fehlte und Berblinger stürzte wie ein Stein in die Donau. Seither ist dieser Spottvers im Umlauf:

Dr Schneider von Ulm
hot's Fliega probiert,
no hot'n dr Deifel
en Donau nei g'führt.

Von da an ging es nur noch bergab mit Berblinger. Er wurde als Spinner und Witzfigur in den Medien zerrissen. Als er auch noch ankündigte, mit seinem Fluggerät vom Münster springen zu wollen, nahmen die Spottlieder kein Ende. Er war nicht nur physisch sondern auch gesellschaftlich abgestürzt. Berblinger hatte seine ganze Kundschaft verloren, sodass er sich am 15. Februar 1812 als Regimentsschneider verpflichtete und aus Ulm verschwand. Er zog mit den Truppen nach Russland, Preußen und Frankreich. 1816 wurde sein Wohnhaus öffentlich versteigert, um Schulden zu tilgen. Seine Frau Anna starb 1820 im Alter von 54 Jahren an Auszehrung. Berblinger selbst kam nicht mehr auf die Beine und verstarb 1829 im Spital in Ulm, ebenfalls an Auszehrung. Wo sich seine letzte Ruhestätte, ein Armengrab, befindet, ist nicht bekannt. Berblingers Fluggerät kann man heute als Nachbau im Rathaus bewundern. Dort begrüßt es den Besucher von der Decke herab, wo es unter dem großzügigen Glasdach eindrucksvoll präsentiert wird.

Erst viel später dämmerte es den Spöttern jener Zeit, was für ein großartiger Denker und Tüftler in ihrer Mitte gelebt hatte. Der Ingenieur und Schriftsteller Max Eyth setzte ihm 1906 mit dem Roman „Der Schneider von Ulm" ein zweibändiges Denkmal. Aber Ulm hat aus der Geschichte gelernt. Anlässlich der 175. Wiederkehr des Berblinger-Sprungs in die Donau veranstaltete die Stadt am Schauplatz des Dilemmas einen Flugwettbewerb mit Nachbildungen des historischen Geräts. Und siehe da, ein Teilnehmer erreichte mit seinem verbesserten Luftgleiter tatsächlich das sechzig Meter entfernte Donauufer auf der gegenüberliegenden Seite und rettete somit den Ruf des Ulmer Flugpioniers. 2009 genehmigte der Gemeinderat 800.000 Euro für einen Flugwettbewerb, eine Dokumentation und eine Ausstellung zu Ehren des „großen Sohnes" der Stadt.

Zur Riege der Ulmer Charakterköpfe gehört auch der **Krettaweber**, eine bekannte Straßenfigur aus dem alten Ulm. Geboren als Jakob Weber galt er als schlagfertig und nicht selten bissig. Besonders wenn die Kinder ihm „Krettaweber" nachschrien, konnte er recht grantig werden. Grüßte ihn ein Kind freundlich mit „Herr Weber", erhielt es zum Dank einen Kreuzer geschenkt. Er war bei Bürgern recht beliebt, da er gerne über „de Bessre em Rathaus" wetterte. Wenn er nicht gerade Körbe flocht, sah man ihn mit einem Henkelkorb voller Gemüse durch die Gassen ziehen. Wahrscheinlich betrieb er mit der Ware einen Kleinhandel. Dieser aufgeweckte Zeitgenosse, der bei vielen Familien ein und aus ging, war auch ein gewiefter Antiquitätenhändler. Das „alte Glomp", das die einen wegwarfen, war bei Sammlern heiß begehrt.

Eines Tages fuhr die neue Straßenbahn in der Platzgasse direkt auf ihn zu. Der Schaffner klingelte aufgeregt, da der Krettaweber die Gasse blockierte. Da war er aber bei ihm richtig! Er hatte einen anstrengenden Tag hinter sich und dachte nicht daran, diesem „neumodischen Glomp" Platz zu machen. Als der Schaffner rief „Los, gehen Sie weg", rief der Krettaweber zurück „I könnt scho, abr du net" und blieb stehen. Es gibt viele Episoden über diesen kleinen sympathischen Mann mit seinem struppigen Bart, dem Bollerhut und der großer Schürze. 1920 verließ er sein heißgeliebtes Ulm für immer.

Ein stadtbekanntes Unikum war Jacob Binder, in Ulm nur als **Sandjackl** bekannt. Er siebte am Donauufer den angeschwemmten Kies, füllte den Sand in Holzfässer ab und zog diese auf seinem vierrädrigen Eselskarren durch die Straßen, Gassen und über die Plätze der Stadt. Lauthals pries er seine Ware an. Mit seinem Ruf „Saa(n)d" – der Schwabe verschluckt gerne das N – lockte er die Hausfrauen auf die Straße. Dort füllte er ihnen den Fegesand in die mitgebrachten Gefäße ab, den grauen für den Holzfußboden oder den weißen für die Pfannen und Töpfe. Geschult im Umgang mit den Menschen und voller Selbstvertrauen zog er abends durch die Platzgasse Richtung Rebengasse. Dort hatten er und sein Esel ihr Quartier. Der Sandjackl verstarb 1923.

Dann gab es noch den 1800 in Ulm geborenen **Schnellläufer Darm**. Er war der Mann fürs Expressgut und der letzte seiner Profession. Schnellläufer liefen stundenlang vor den Kutschen der Hochwohlgeborenen her, um andere Fuhrwerke zur Seite zu winken oder um im Gasthaus Essen und Quartier zu bestellen. Darm selbst soll in sechs Stunden von Ulm nach Stuttgart gelaufen sein. Bis zur Verbreitung des Automobils gab es ein weit verzweigtes Botennetz. 349 Boten aus 207 Ortschaften kamen regelmäßig nach Ulm.

Ein älterer Mann aus Mehrstetten erzählte, seine Mutter sei anlässlich einer Hochzeit an einem Sonntag von Ulm nach Weilheim und zurück marschiert – immerhin runde siebzig Kilometer. Sein Großvater lief regelmäßig nach Ulm und am selben Tag wieder zurückmarschiert. Laufen war 1910 also an der Tagesordnung.

„Ma muss ja net glei nach Schtuargert sprenga. Aber ens Wirtschäftle könntet se scho laufa. Ond do gangat mr jetzt au na." Gleich hinter dem Kornhaus liegt der Garten vom „Kornhäusle", wo fleißige, freundliche Studentinnen für das Wohl der Gäste sorgen.

Es war einmal ...

Als der Spatzameez seinen Kollegen von der Alb zu einem Beerenwein einlud, meinte dieser: *„So ebbes guat's hanne no nia tronka"*, worauf er zur Antwort bekam: *„Das sind auch die Tränen Gottes."* „Schade, dass dr liebe Gott auf dr Alb net au g'heilat hot", entgegnete der Mann von den Bergen. Überwältigt von den Eindrücken des Tages und leicht beschwipst schritt unser „Bäuerle" von der Alb mit seinem vierbeinigen Freund Richtung Bahnhof. Dort angekommen, band der gute Mann sein Böcklein ans Ende des Zuges an den letzten Waggon und sprach zu ihm:

Böckle, dua no woidle schprenga,
s' Fressa werr I dir scho brenga.
Ja, so schwätzt der guate Ma
ond zend sei schtengats Pfeifle a.

Als des Zügle wieder schtoht,
ond ,s Bäuerle zu seim Böckle got,
fendet er bloß Kopf ond Soil,
an dem hentra Wagadoil.

Do packt da Baura Baurazora,
er nemmt den Goisbock bei de Hora,
ond schmeißt an, was,r schmeißa ka'
am Kontrolleur an Ranza na.

Des isch Geschicht von sellam Baura,
där sein Goisbock hot verlaura,
s' Böckle nahm a traurigs End,
Hemmel, Schtuargert, Sapprament!
Drula, drula, drulala ...

Quellen und weiterführende Literatur

Arbeitskreis Schule und Archiv in Ulm (Hrsg.): Quellen zur Ulmer Stadtgeschichte Lieferung IV: Ulm in der NS-Zeit: Die Stadt, die Wirtschaft, die Menschen. Ulm 1987

Beck, Gertrud (Hrsg.): Ulm in alten Ansichtskarten. Frankfurt 1980

Detaillisten-Verein Ulm/Neu-Ulm (Hrsg.): Führer durch Ulm. Ulm 1911

Doering, Oskar: Die Münster von Ulm, Freiburg und Straßburg. München 1923

Fata, Márta: Die Schiff' stehn bereit. Ulm und die Auswanderung nach Ungarn im 18. Jahrhundert. Stuttgart 2009

Haid, Joh. Herkules: Ulm mit seinen Gebieten. Ulm 1786

Höhn, Karl (Hrsg.): Ulmer Bilderchronik, II. Band. Ulm 1931

Koepf, Hans: Das Ulmer Rathaus. Hrsg. vom Hauptamt der Stadt Ulm. Ulm 1981

Lipp, Wolfgang: Begleiter durch das Ulmer Münster. Hrsg. von der Evangelischen Gesamtkirchengemeinde Ulm. 11. Aufl. Langenau-Albeck 2005

Litz, Gudrun/Wettengel, Michael (Hrsg.): Stationen der Ulmer Stadtgeschichte von 854 bis heute. Begleitbroschüre zur Dauerausstellung im Haus der Stadtgeschichte – Stadtarchiv Ulm. Ulm 2008

Loerke, Michael: Grenzgeschichten. Das Verhältnis zwischen Ulm und Neu-Ulm in der öffentlichen Meinung. Kleine Reihe des Stadtarchivs Ulm 2. Ulm 2004

Palaoro, Simon: Stadt und Festung. Eine kleine Geschichte der Bundesfestung Ulm. Kleine Reihe des Stadtarchivs Ulm 6. 3. Aufl. 2010

Petershagen, Wolf-Henning: Zünftige Lustbarkeiten. Das Ulmer Fischerstechen – Der Bindertanz. Ulm 1994

Petershagen, Wolf-Henning: Schwörmontag. Ein Ulmer Phänomen. Ulm 1996

Petershagen, Wolf-Henning: Ulms lebendige Wasser. Brunnengeschichte(n) aus sieben Jahrhunderten. Kleine Reihe des Stadtarchivs Ulm 1. Ulm 3. aktualisierte Auflage 2006

Petershagen, Wolf-Henning: Kleine Geschichte der Ulmer Schachtel. Beiheft 01 der Kleinen Reihe des Stadtarchivs Ulm. 2. Aufl. 2010

Pfleiderer, Rudolf: Münsterbuch. Das Ulmer Münster in Vergangenheit und Gegenwart. Ulm 1907

Pflüger, Hellmut: Plätze der Ulmer Altstadt. Ulm 1994

Pflüger, Hellmut: Stadtführer Ulm. Bindlach 1991

Poh, Manfred: Territorialgeschichte des Alb-Donau-Kreises und der Stadt Ulm. Arbeitsgemeinschaft der Heimatmuseen im Alb-Donau-Kreis. Ulm 1988

Schultes, D. A. (Hrsg.): Chronik von Ulm. Von den Zeiten Karl des Großen bis in die Gegenwart. Ulm 1937
Schulthess, Kathrin: Himmelwärts. Das Ulmer Münster für Kinder, Jugendliche und Erwachsene. Ulm 2005
Schulthess, Kathrin: Lilli Langohr – die Fledermaus vom Ulmer Münster. 3. Aufl. Ulm 2010
Specker, Hans-Eugen: Ulm – Stadtgeschichte. Ulm 1977
Specker, Hans-Eugen (Hrsg.): Ulm im 19. Jahrhundert. Aspekte aus dem Leben der Stadt. Stuttgart 1990
Stadtarchiv Ulm (Hrsg.): StadtMenschen. 1150 Jahre Ulm: Die Stadt und ihre Menschen. Ulm 2004
Treu, Barbara (Hrsg.): Stadt Neu-Ulm 1869-1995. Texte und Bilder zur Geschichte. Neu-Ulm 1994
Urban, Eberhard: Die astronomische Uhr am Ulmer Rathaus. Ulm/Neu-Ulm 1984
Verein Alt-Ulm e.V.: Ulmer Baudenkmäler. Ulm 1963
Verkehrsverein Ulm/Neu-Ulm (Hrsg.): Durch Ulm. Ulm o. J. (ca. 1975)
Weithmann, Michael W.: Die Donau. Regensburg 2000
Winkler, Ursula/Kettemann, Otto (Hrsg.): Die Iller. Kronburg – Illerbeuren 1992

Fotonachweis:

Alle aktuellen Fotos stammen von Helmut Schlaiß, Langenau, © www.hs53.de

Weitere Fotos:

Seite 87 - „Der König vor Ulm" - Martina Strilic / © Stadtarchiv Ulm.

Seite 23 - „Ulmer Münster mit Hirschstraße um 1860" - © Stadtarchiv Ulm.

Seite 34 - „Weihnachtsmarkt" - © Südwest Presse Ulm, Foto: Volkmar Könneke

Ulm - Fischergasse 1 und 3

Unterwegs zwischen Alb, Donau und Iller

Der neue Fahrradführer der SÜDWEST PRESSE

Wir präsentieren Ihnen im neuen Fahrradführer **14 unterschiedliche SÜDWEST PRESSE - Touren, dazu Karten, Bilder** und viele **Tipps** rund ums Erleben, Entdecken und Einkehren. Egal ob Anfänger, Freizeitsportler, Trekkingfahrer, dünne oder dicke Waden, Mountainbiker, Rennradler oder Gemütsfahrer mit *Unterwegs* sind alle gut beraten.

Das Buch im **praktischen Format** passt in jede Fahrradtasche und garantiert Ihnen mit den **detaillierten Tourenbeschreibungen** und dem **übersichtlichen Kartenmaterial** herrliche Ausflüge zwischen Alb, Donau und Iller!

klemm + oelschläger

Edition
SÜDWEST PRESSE
www.swp.de/unterwegs